CB129655

INSTITUTO BRASILEIRO DE PESQUISAS E ESTUDOS MAÇÔNICOS "FERNANDO SALLES PASCHOAL"

INBRAPEM

ENCONTRO NACIONAL

VOLUME 3

INSTITUTO BRASILEIRO DE PESQUISAS E ESTUDOS MAÇÔNICOS "FERNANDO SALLES PASCHOAL"

Editora Maçônica "A TROLHA" Ltda.
Av. Maringá, 335 – Fone (43) 327-1982 – Fax (43) 348-0915
Cx. Postal 938 – CEP 86001-970 – Londrina – PR

Londrina, julho de 2002

Copyright © 2002 Editora Maçônica "A TROLHA"

Coordenação Geral: **Conselho Editorial**
1ª Edição: **2002**
Tiragem: **2.300 exemplares**
Preparação e Diagramação: **Maristela Meneghetti**
Capa: **Sérgio Mari Jr. / Ulisses Ricardo Merede Candreva**
Revisão: **Virgínia Cristina Audi Ayres**
Impressão e acabamento: **Gráfica e Editora Boavista**

Dados Internacionais de Catalogação na Publicação
(CIP-Brasil) CATALOGAÇÃO NA FONTE

I59 Instituto Brasileiro de Pesquisas e Estudos Maçônicos "Fernando Salles Paschoal": Encontro Nacional. 1ª ed. Londrina: Ed. Maçônica "A TROLHA", 2002.
196p.: V. 3: il.; 20,2 cm. (Coleção INBRAPEM).

ISBN: 85-7252-140-2

1. Maçonaria – Estudos Maçônicos. I. INBRAPEM. II. Título.

CDD 366.1
CDU 061.236.6

Índice para catálogo sistemático:

1. Maçonaria – Estudos Maçônicos.
061.236.6 (CDU)

Proibida a reprodução total ou parcial desta obra, de qualquer forma ou por qualquer meio eletrônico, mecânico, inclusive através de processos xerográficos, sem permissão expressa do editor (Lei nº 5.988, de 14/12/73).

Todos os direitos desta edição reservados pela

EDITORA MAÇÔNICA A TROLHA

EDITORA MAÇÔNICA "A TROLHA" LTDA.
Av. Maringá, 335 – Centro
86060-000 – Londrina – PR
Cx. Postal 938 – CEP 86001-970
Fone: (43) **327-1982** – Fax: (43) **348-0915**

Sumário

Apresentação 9

O Islã, o Alcorão e a Maçonaria 11
Irm∴ Heinz Roland Jakobi

Campos Salles, um Maçom Ilustre 21
Irm∴ Mário Name

A Tolerância Maçônica 29
Irm∴ Felipe Spir

Virtudes Cardeais 31
Mrm∴ Derly Halfeld Alves

Perspectivas da Maçonaria para o Terceiro Milênio 35
Irm∴ Luiz Gonzaga Rocha

A Influência da Cultura Judaica e Greco-Romana, na Filosofia do Rito Escocês 55
Irm∴ Daniel Ruiz

A Pesquisa em Maçonaria 61
Irm∴ Francisco Trautwein

A Essência... 65
Irm∴ Hercule Spoladore

Maçons do Século XXI 75
Irm∴ E. Figueiredo

Collegia Fabrorum 81
Irm∴ Ambrósio Peters

O Maçom, um Renascido 85
Irm∴ Antônio do Carmo Ferreira

A Apresentação da Doutrina Maçônica 89
Irm∴ Raimundo Rodrigues

O Sigilo Maçônico 95
Irm∴ Frederico Guilherme Costa

Por que São João, "Nosso Padroeiro"? 103
Irm∴ José Castellani

A Liberdade 109
Irm∴ Anatoli Oliynik

O Papa e o Maçom 123
Irm∴ João Alves da Silva

Maçonaria e Educação 127
Irm∴ Élio Figueiredo

As Origens da Maçonaria Especulativa 135
Irm∴ Antonio Rocha Fadista

O Positivismo e a Maçonaria 143
Irm∴ Oswaldo Ortega

A Ordem na Visão de Fernando Pessoa 153
Irm∴ Antonio Alves Rodrigues Calado

René Guénon: o Último Metafísico de Ocidente 167
Irm∴ Eugenio Tschelakow

Efeitos e Causas que Atingem o Conhecimento
(e o Desconhecimento) da Ritualística Maçônica 173
Irm∴ Amílcar Silva Júnior

O Sinal com o Instrumento de Trabalho 185
Irm∴ Pedro Juk

Apresentação

Este é o 3° Volume da Coleção INBRAPEM, composto com trabalhos doados pelos nossos Irmãos. Sua publicação, assim como o Livro – ARTESANATOS MAÇÔNICOS –, do Irmão Antônio do Carmo Ferreira, nos ajuda na organização desses Eventos, que já chegamos ao número de Quatro; e, por nosso lado, damos vida e asas aos trabalhos de nossos queridos Irmãos; e assim vamos seguindo o lema que o nosso Irmão Alexandre Dumas instituiu para os seus Mosqueteiros: ***Um por Todos e Todos por Um****.*

Em 29 de dezembro de 1998, a Maçonaria Brasileira perdeu um grande soldado; um grande entusiasta; um grande lutador – pelos seus Princípios e Filosofia; e nós, perdemos um amigo, um Irmão, uma jovem energia.

E eu, Xico Trolha, me propus, lá mesmo, no necrotério de Ponta Grossa, onde visitei seu corpo, sem vida – que seu nome jamais, em tempo algum, seria esquecido. Então, idealizei o ***Instituto Brasileiro de Pesquisas e Estudos Maçônicos****, que levaria seu nome, com Encontros Anuais, congregando todos os amigos e estudiosos da Maçonaria.*

Era uma árdua tarefa; mas com a Colaboração dos Irmãos,

dos Sócios de "A TROLHA", dos seus queridos funcionários – este já é o 4º Encontro Nacional. Os dois primeiros, realizados em Londrina e o terceiro em Recife – PE, e, agora, o 4º Encontro – em Londrina, novamente. E o nome do Irmão Fernando Salles Paschoal vai, aos poucos, sendo gravado nas páginas dos livros, no coração dos Irmãos, no Grande Livro da História.

O Xico costuma cumprir suas promessas, desde que conte com a colaboração dos Irmãos, e parece que essa colaboração nunca lhe faltará.

Este não será o último livro desta Coleção. Muitos outros serão publicados. E sempre com o mesmo objetivo – lançar novos autores e prestigiar os velhos autores; e, Imortalizar – na Calçada do Tempo – o nome do meu querido Irmão e Amigo – ***Fernando Salles Paschoal****.*

Se você que está lendo esta Apresentação, tiver um trabalho que queira vê-lo publicado, nos envie, que o mesmo estará sendo publicado nos nossos próximos volumes.

Vamos, todos juntos, estabelecer uma forte corrente, em torno do nome do Fernando para que – no desfilar dos anos e dos séculos – seja ele, por todos, lembrado.

Londrina, julho de 2002.
Xico Trolha

O Islã, o Alcorão e a Maçonaria

Irm∴ Heinz Roland Jakobi
Or∴ de Porto Velho – RO

O Misericordioso,
O Compassivo,
O Perdoador,
O Clemente,
O Generoso,
O Afetuoso,
O Amável...
Alguns dos 99 nomes de Deus

INTRODUÇÃO – O ISLÃ E A MAÇONARIA

A Maçonaria é uma Ordem Universal, formada por homens de todas as raças, credos e nacionalidades que **estudam e trabalham** para a construção da Sociedade Humana; proclama a existência de um PRINCÍPIO CRIADOR – o qual denominamos **G∴ A∴ D∴ U∴**; não impõe limites à livre **investigação da Verdade** garantindo essa liberdade através da Tolerância; é acessível aos homens de todas as classes**, crenças religiosas** e políticas e **proíbe**

expressamente toda discussão religioso-sectária ou político-partidária em seus Templos.

No Templo Maçônico, sobre o Altar dos Juramentos estarão as Três Grandes Luzes Emblemáticas da Maçonaria destacando-se **O Livro da Lei** – o Livro Sagrado de cada religião: a Bíblia Sagrada, a Torah, **o Alcorão**, Alan Kardec para os espíritas, etc... Os juramentos devem ser prestados sobre o Livro Sagrado da crença do Iniciado, pois, pelos princípios básicos da Maçonaria, deve haver o máximo respeito à crença de cada um.

Na Abertura dos Trabalhos Maçônicos, na maioria dos Ritos, ocorre a leitura de versículos da Bíblia Sagrada, solicitando a presença de Deus, Sua autorização, Sua glória para darmos início aos nossos trabalhos.

No R.·. E.·. A.·. A.·. do 1º ao 33º Grau estuda-se diversas passagens bíblicas levando a um conhecimento histórico, religioso, material, moral, esotérico e espiritual da Lei Sagrada.

A Maçonaria nunca ficou alheia aos processos de mudanças que aconteceram e marcaram as eras ou fases vivenciadas neste mundo. Neste momento estamos atravessando uma grande mudança na humanidade, uma Globalização total, uma abertura que está exigindo um grande desenvolvimento cultural e mudanças comportamentais.

Instituições seculares como, por exemplo, a Igreja Católica e a Maçonaria estão sendo questionadas pela Sociedade do seu real papel no Terceiro Milênio e deverá adequar-se a um novo comportamento. Devemos responder aos anseios da sociedade contemporânea para adquirirmos o direito de coexistir em harmonia.

Devemos realizar um estudo holístico da Sociedade atual, sem preconceitos religiosos ou políticos, e vislumbrarmos no horizonte quais as reais necessidades da Ordem.

O pouco conhecimento ocidental do mundo islâmico ficou evidente nos atentados de 11 de setembro quando ocorreu um alerta mundial para entender melhor as reivindicações daquele povo, até então esquecido ou às vezes lembrado para a exploração, o extrativismo (petróleo), a fome e a miséria.

Observamos a grande escassez de Lojas Maçônicas no Mundo Islâmico, provavelmente resultante da falta de adaptação de ritos e rituais aos hábitos e às Leis Islâmicas.

Desconhecemos algum Rito que seja adaptado ao povo islâmico, como por exemplo: nosso Rito Brasileiro, o Rito Alemão ou Schröder, o Rito Moderno ou Francês. Deveria existir um Rito Islâmico específico, baseado em passagens do Alcorão, a fim de permitir e facilitar o acesso daqueles à filosofia maçônica.

Acreditamos que nossa Ordem é um importante elemento catalisador e mediador da Paz e Compreensão entre os Povos neste momento de conflito de idéias e crenças. A Ordem Maçônica deve aglutinar idéias no sentido de propiciar ao povo islâmico a oportunidade de atuar, participar e difundir os princípios e a filosofia maçônica.

Assim, conhecendo melhor este Povo e suas Leis estaremos dando um pequeno passo neste sentido.

Este é o nosso objetivo neste pequeno trabalho.

O MUNDO ISLÂMICO

O mundo islâmico, que se estende por mais de 15 mil quilômetros e abarca dezenas de países e mais de 1 bilhão de seguidores da fé muçulmana, está sujeito a imensas variações culturais.

O nome Islã (ou islame) é expressivo pois significa "submissão", "rendição" ou "entrega" a Alá. Submissão à vontade de Alá.

É a religião que aumenta mais rapidamente no mundo, com movimento muçulmano em expansão na África e no mundo ocidental. Uma a cada seis pessoas no mundo é muçulmana.

A vida islâmica é governada por três autoridades – o Alcorão, a Hadith e a Xariah ou lei canônica.

O mundo islâmico não absorveu anteriormente os avanços do Iluminismo Europeu, o momento da separação entre Estado e religião, de adoção das idéias científicas modernas e de modernização das atitudes culturais com relação às mulheres.

Os países da região do Mediterrâneo (Marrocos, Tunísia, Egito e Turquia) são cultural e politicamente diferentes dos países islâmicos da península Arábica (como Arábia Saudita, Iêmen e Omã), os quais por sua vez diferem dos países islâmicos da Ásia Central (como Afeganistão, Paquistão e Tadjiquistão), Sudeste asiático (como Indonésia e Malásia) e África subsaariana (como Mali e Chade).

A cultura islâmica não é barreira ao crescimento e nem é

estática. Ela mostrou seu vigor e também capacidade de se adaptar às mudanças sócio-econômico-culturais como na Tunísia, Turquia, Indonésia e Malásia. Alguns destes países estão entre as economias de crescimento mais rápido do mundo, nas últimas décadas.

A idéia de um mundo islâmico unificado e conservador é errônea, a diversidade é muito grande, as práticas culturais variam sensivelmente. A globalização influi decisivamente nas mudanças culturais também no mundo islâmico.

Hoje existe uma "*guerra civil*" no mundo islâmico travada entre o desejo de modernizar o islã e o de islamizar a modernidade. Aos últimos, pertence Osama Bin Laden e todos os demais integristas. Eles respondem à frustração de um povo, árabe e muçulmano, que viu fracassar a hipótese de modernização de seus países e mergulha cada vez mais na crise social.

Os ataques de 11 de setembro foram o apogeu desse movimento, que vem se expandindo há alguns anos. A sua grande vitória foi abalar a imagem dos EUA, símbolo máximo da modernização, decretar a violabilidade do território do país e alimentar o ressentimento antiamericano.

Mas a mundialização foi mais rápida do que a modernização interior desses países e ela bloqueou a regeneração das sociedades árabes e muçulmanas. De modo que os Estados-nações, como o Egito, a Síria, a Argélia, entre outros, pareceram para as populações como fracassos, que se traduziram sobretudo por uma deterioração social. Esse fenômeno pode ser encontrado também na América Latina. Assim, a idéia de reunificar a reforçar o islã para melhor resistir ao mundo imperialista passou à frente das idéias de reformar o islã. Depois de 10 ou 15 anos, o que domina hoje é um novo movimento: não é mais o de modernizá-lo, mas o de islamizar a modernidade, atacando a modernidade laica, a dos Estados-nações. O movimento atual é pan-islâmico e não pan-árabe. Há uma cruzada contra o islã infiel, o primeiro inimigo foi Nasser, agora é Iasser Arafat e a Arábia Saudita.

O PROFETA MOHAMMAD (MAOMÉ)

Maomé nasceu em Makkah, Arábia Saudita por volta de 570 e. c., filho de pais pobres, ficou órfão cedo. Naquela época os árabes adoravam Alá no local sagrado de Caaba, edifício em forma de cubo, onde referenciava um meteorito negro entregue a Abrahão pelo anjo Gabriel. Neste santuário existiam 360 ídolos (politeístas), um para cada dia do ano lunar. Algumas tribos tinham se tornado cristãs e existiam comunidades judaicas em Medina e em outros pontos da Arábia ocidental. Certas idéias cristãs e judaicas eram familiares para muitos árabes. Maomé era poligâmico e casado com uma judia e uma cristã da Etiópia.

Aos quarenta anos, em 610, Mohammad meditando na caverna de Gar Hira, um anjo chamado Gabriel ordenou-lhe que recitasse em nome de Alá. Após a terceira ordem do anjo, Maomé começou a recitar a primeira de uma série de revelações que constituem o Alcorão (Qur'ãn), que durou de 610 a 632 e. c..

Após 13 anos de perseguição e ódio da hostil aristocracia comerciante de Meca, Maomé transferiu seu centro de atividades para o norte, Madina[1], a cidade do Profeta. Setenta homens e suas famílias emigraram em 16 de julho de 622. Esta emigração ou também chamada *hegira* é o ponto de partida para o calendário islâmico. (ano AH – Anno Hegirae – ano da fuga). Medina era um oásis fértil, mas seus habitantes eram divididos entre judeus e muçulmanos. Os judeus recusavam a aceitá-lo e caçoavam de partes do Alcorão. Maomé expulsou dois clãs judeus de Medina e mandou executar os homens de um terceiro clã judaico. Até o retorno a Meca teve pouco contato com cristãos.

Em janeiro de 630 e. c., retornou, dominou Meca e passou a governá-la, varrendo as imagens idólatras de Caaba e estabelecê-la como ponto principal de peregrinação a Meca.

Por causa dos êxitos obtidos, a sua autoridade como chefe de Estado era incontestada. A princípio o Estado tinha a forma de uma federação de tribos e clãs, mas foi tornando-se mais organizado à medida que se expandia. Ao falecer, em 632, deixou uma Religião como um Estado, mas não deixou nenhum herdeiro masculino e até hoje o califado é um problema muito sangrento.

Na metade do século VII o mundo muçulmano divide-se em duas correntes:

1. Os ***sunitas*** aceitavam a eleição direta, consenso comunitário,

---

[1] Madina (Medina) e Maka (Meca) – são nomes próprios e não devem sofrer alteração.

liderado por um Califa: Abu-Bekr, sogro do Profeta, foi nomeado sucessor em 8 de junho de 632 por uma eleição entre os líderes. Após, sucedeu Omar em 634 (conselheiro do profeta) e Otmã em 644 (genro do profeta).

2. Os ***xiitas***, minoria, contestam a eleição e acreditam que o verdadeiro sucessor seria pela linhagem sangüínea, um imã (líder e sucessor de Ali), seu primo e genro Ali ibn Abi Talib, o primeiro imame que se casou com a filha predileta de Maomé, Fátima. Ali foi assassinado em 661. Acreditam que houve apenas 12 verdadeiros imames, sendo o último imame *mustatir*, Maomé al-Muntazar desapareceu em 878. Os xiitas representam 20% dos muçulmanos do mundo.

O LIVRO DO PROFETA MOHAMMAD

Em nome de Allah, o Clemente, o Misericordioso

A palavra Alcorão literalmente significa "leitura por excelência" ou recitação. A Surata ou Sura de Abertura é repetida pelo menos cinco vezes nas orações diárias.

O estilo e a dicção do Alcorão são magníficos e apropriados para a qualidade Divina. Sua recitação comove o espírito até daqueles que apenas o ouvem sem entendê-lo.

O Alcorão é dirigido a toda a humanidade, sem distinção de raça, cor, religião ou tempo. Procura guiar a humanidade em todas as sendas da vida: espirituais, materiais, individuais e coletivas. Contém diretrizes para a conduta do chefe de Estado, do homem comum, do rico, do pobre, diretrizes para a paz e para a guerra, tanto para a cultura espiritual como para o comércio e bem-estar material. Busca principalmente desenvolver a personalidade do indivíduo.

Fala das melhores normas relacionadas com as vidas sociais, comerciais, matrimoniais, como a herança, o direito penal, o direito internacional e assim por diante.

O Alcorão é a palavra de Allah, revelada a Mohammad, desde

a Surata da Abertura até a Surata dos Humanos. Ele encerra, em sua totalidade, diversificadas nuanças, tais como: a felicidade, a reforma entre os homens, a concórdia, no presente e no futuro; ele foi revelado, versículo por versículo, surata por surata, de acordo com as situações e os acontecimentos, no decorrer dos vinte e três últimos anos da vida do Profeta Mohammad.

Uma parte foi revelada antes da Hégira, em Makka, por treze anos e outra depois, em Madina por mais dez anos.

Os versículos e suratas revelados em Makka abrangem as normas da crença em Allah, em Seus anjos, em Seus Livros, em Seus mensageiros e no Dia do Juízo Final. Os versículos e as suratas revelados em Madina dizem respeito aos rituais e à jurisprudência.

O Alcorão compõe-se de cento e catorze capítulos (suras ou suratas). Estão ordenados de acordo com o tamanho, com o mais longo no princípio e o mais curto no fim. Não estão dispostos cronologicamente nem por temas. Todas as suras começam pelas palavras: "*Em nome de Deus, o Misericordioso, o Compassivo*".

Cada Surata tem uma denominação proeminente ou recorrente: *A Abertura (1), Abraão (14), Maria (19), Anjos (35), Divórcio (65), Noé (71), Infiéis (109) e Homens (114).* As suras estão divididas em versículos (*ayat* – um milagre).

Este fabuloso Alcorão é a luz orientadora para a humanidade. É o centro da cultura islâmica, dos movimentos filosóficos e de todas as suas atividades intelectuais; seus versículos estimulam a nele pensarmos. Disse o Altíssimo: "Eis o Livro que te revelamos, para que os sensatos recordem seus versículos e neles meditem".

O Profeta Mohammad, de memória privilegiada, empregava os métodos de memorizar/recitar/ditar e escrever/reescrever simultaneamente reforçando a integridade do texto e diminuindo ao mínimo as possibilidades de erro.

Assim que o Profeta recebia fragmentos, de tempos em tempos, das suratas e versículos, ditava a seus companheiros, solicitando que a decorassem – aprendessem de cor, para ser recitada nas orações, mas também escrevessem e que multiplicassem as cópias. Existia precaução e o muito cuidado na precisão.

No mês de Ramadã, o Profeta, perante o anjo Gabriel, recitava o Alcorão até então revelado, do princípio ao fim, isto é hoje chamado de *tarawih*. No último ano o anjo pediu que recitasse por duas vezes anunciando sua morte.

Quando da morte do Profeta, o Califa Abu Bakr sentiu a urgência da codificação do Alcorão em forma de Livro, e a tarefa foi concluída, um mês após, pelo *Huffaz* (aqueles que sabiam todo o Alcorão de cor) Zaid Ibn Sábet. Chamada de *Musshaf* (encadernação) foi conservada na guarda do próprio Califa Abu Bakr. Seu sucessor, Ômar Ibn al Khattab, no quinto ano da Missão (oito antes da Hégira) lendo a 20ª Surata, tornou-se a quadragésima pessoa a abraçar o Islã. Enviou sete cópias do Alcorão para todo o Império Muçulmano, com a revisão da pronúncia. Ordenou também a destruição das cópias não autorizadas que desviassem do texto original.

Das sete cópias originais enviadas aos chefes de províncias, apenas uma delas chegou aos nossos dias e se encontra em Tashkent. O governo czarista da Rússia publicou uma reprodução, cópia fiel do manuscrito existente do Alcorão, datando do primeiro século da Hégira.

OS CINCO PILARES DA CRENÇA

1. Crença num Deus único Alá (Surata 23:116,117);
2. Crença em anjos (Surata 2:177);
3. Crença em muitos profetas, mas numa só mensagem. Adão foi o primeiro profeta. Outros incluem Abraão, Moisés, Jesus e "o Postremo dos Profetas", Maomé (Surata 4:136; 33:40);
4. Crença num dia do juízo (Surata 15:35, 36);
5. Crença na onisciência e presciência de Deus e na Sua predeterminação de todos os eventos. Todavia, o homem tem liberdade para escolher as suas ações (existem divergências sobre o livre arbítrio) (Surama 9:51).

OS CINCO PILARES DA OBSERVÂNCIA

1. Repetir o credo (*chahada*): "Não há deuses senão Alá; Maomé é o mensageiro de Alá" (Surata 33:40);
2. Oração (*salat*) voltado para Meca, cinco vezes por dia (Surata 2:144).

3. Caridade (zakah), a obrigação de dar uma porcentagem do que se ganha e do valor de certos bens (Surata 2:183-185);
4. Jejum (*sawm*), especialmente durante a celebração de Ramadã, que dura um mês (Surata 2:183-185);
5. Peregrinação (hadji). Pelo menos uma vez na vida, todo muçulmano varão tem de fazer a jornada a Meca. Apenas a doença e a pobreza são justificativas lícitas (Surata 3:97).

A EXPANSÃO E EXPLOSÃO DO ISLÃ

O chefe de estado era conhecido por califa, o "sucessor" ou ajudante de Maomé. Atacar os vizinhos fora uma das ocupações normais para as tribos nômades árabes, e Maomé e os seus califas compreenderam que não poderiam manter a paz dentro da federação a não ser que encontrassem alguma vazão para as energias das tribos. Assim, organizaram ataques na direção da Síria e do Iraque, com a finalidade de saquear e não de converter, receberam o título de "*jihad*", guerra santa.

As grandes potências – o Império Bizantino e o Persa – estavam exaustas numa guerra de meio século. Obtiveram rápido sucesso e seguiram avançando para o Egito, a Síria e o Iraque, a Líbia e o Irã. Os povos derrotados recebiam a condição de "minorias protegidas", pagando impostos e tributos ao governador muçulmano.

A expansão prosseguiu por um século, para o ocidente: África, Europa – Espanha, sul da França, para o norte até Constantinopla (Istambul), para leste, Pérsia, Afeganistão, Paquistão.

No século VII, porém, o zoroastrismo – a religião oficial do Império Persa – estava em declínio, de modo que a conversão para o Islã foi rápida e extensa.

Em 750, terminou a dinastia dos califas omíadas (crescimento e adaptação), baseada em Damasco. Nos quinhentos anos seguintes o poder esteve nas mãos da dinastia dos abácidas (consolidação, leis islâmicas e cultura), que governavam a partir de Bagdá, que pouco a pouco perderam o controle das áreas mais afastadas. Em 945, o califa não tinha mais o poder político, até a destrutiva invasão dos mongóis, em 1258. O auge do poder islâmico foi sob os imperadores mongóis de 1556 a 1707, quando dominaram o continente asiático.

LEITURA RECOMENDADA:

O significado dos Versículos do ALCORÃO SAGRADO com comentários, Prof. Samir El Hayek, MarsaM Editora Jornalística, 2001.

REFERÊNCIAS BIBLIOGRÁFICAS:

1. As Religiões do Mundo. Melhoramentos, 1996.
2. Atlas de História Mundial. Seleções do Reader's Digest, 2001.
3. JESUS, Marcus Moraes de. Abertura do Livro da Lei, Ed. "A TROLHA", 1988.
4. KUCHENBECKER, Valter. O Homem e o Sagrado, Ulbra, 1998.
5. NETO, Alcino Leite e FERRO, Mac. Jornal Folha de São Paulo, 2001.
6. O Homem em Busca de Deus, 1990.
7. O Mundo Islamita, Impérios e Civilizações. Edições Del Prado, 1984.
8. ROBERTS, J.M. O Livro de Ouro da História do Mundo, Ediouro, 2001.
9. SACHS, Jefrey D. Jornal Folha de São Paulo, 2001.
10. www.pedreiroslivres.com.br

∴

Campos Salles, um Maçom Ilustre

Irm∴ Mário Name
Or∴ de Campinas-SP

A CASA PATERNA

Falar de Campos Salles é falar, provavelmente, do político, jornalista e advogado mais íntegro que este País já conheceu, sem contar seus atributos como pai, esposo e pessoa humana.

Sua vida começa na cidade de Campinas – SP, era filho do tropeiro Francisco de Paula Salles que comprava e vendia gêneros alimentícios e transportava mercadoria em lombo de burro até a cidade de Santos. Com a morte do pai, Paula Salles se tornou lavrador e senhor de escravos.

Chiquinho, como era conhecido carinhosamente, casou-se em 1837, com Ana Cândida Ferraz, filha do capitão Manoel Ferraz de Campos, ele natural de Itu e ela nascida em Campinas.Conheceram-se no altar-mor da igreja de Limeira, à hora do casamento.

Em 13 de fevereiro de 1841, nasceria o terceiro filho do casal, que receberia o nome do avô materno: Manoel. A criança foi batizada

no dia 21 do mesmo mês, na Matriz Velha da cidade, atual Igreja N. Sra. do Carmo, e assim começa a vida de **Manoel Ferraz de Campos Salles**.

O menino crescera até os 15 anos de idade em meio à faina diária da vida simples do interior, onde aprendera rudimentos de latim, português e francês.

Nesta fase da vida de Campos Salles, até parece que as coisas não acontecem por simples obra do acaso, aparece em Campinas um primo do seu pai, senhor Malaquias Rogério de Salles Guerra, pessoa influente e de prestígio na cidade de São Paulo, onde residia.

Entre uma e outra conversa, o irmão mais velho de Campos Salles, José Maria, diz ao pai que o menino deveria ser aproveitado e dar continuidade aos estudos, evitando, assim, a faina humilde da roça, concitando o primo a levá-lo para São Paulo, já que outros meninos da mesma idade e amigos de Campos Salles iriam para a capital com a mesma finalidade, dentre eles, Francisco Quirino dos Santos, Jorge Miranda, Francisco Glicério e outros.

Assim, com apenas 15 anos de idade, Maneco foi para São Paulo com o sr. Malaquias. Era o ano 1856 e eram, também, 3 dias de viagem em lombo de burro até a capital.

Malaquias, inclusive, viria a ser um fervoroso membro do Partido Republicano e um dos integrantes da famosa Convenção de Itu, em 1870.

Maneco freqüentou em São Paulo o curso do professor Vicente Mamede de Freitas, que era o mais conhecido da capital, concluindo, em 3 anos, os cursos de História, Filosofia, Retórica, Geometria, Latim, Inglês e Francês.

Com 18 anos de idade ingressou na Faculdade de Direito do

Largo de São Francisco e se mudou da casa do primo Malaquias, indo morar em uma "república" de estudantes junto com os colegas: Teóphilo Carlos Benedito Ottoni, Prudente José de Morais Barros, Francisco José Pestana, Francisco Quirino dos Santos, Bernardino de Campos e outros da chamada velha-guarda.

Concluiu seu curso em 1863, iniciando seu trabalho de advogado e jornalista em Campinas, onde se casou 2 anos depois com sua prima-irmã pelo lado paterno, Ana Gabriela, ele com 24, ela com apenas 15 anos de idade. Deste consórcio, tiveram 5 filhos: Sofia, Leonor, Helena, Paulo e Manoel Filho.

POLÍTICA

Impossível resumir sua trajetória política no pequeno espaço de que dispomos. A vida política de Campos Salles se inicia exatamente quando, já no terceiro ano da Faculdade, ele se junta com Francisco Quirino dos Santos e Francisco de Paula Belfort Duarte e fundam o jornal "A Razão", de cunho altamente político e liberal que criticava a política monarquista do país e a administração da Província, rebatendo os artigos publicados pelo jornal governista "O Constitucional", que era dirigido por João Theodoro, Delegado de Polícia da capital.

Após a conclusão do curso, transfere-se para Campinas, onde se entrega ao trabalho e a uma intensa vida comunitária, fundando, juntamente com os irmãos Quirino dos Santos e Jorge Miranda, o jornal "A Gazeta de Campinas". Deste jornal iniciou verdadeira guerra à monarquia, impressionando a população com as primeiras manifestações republicanas. Foi eleito vereador, deputado provincial e deputado à assembléia geral.

Proclamada a República, assumiu a pasta da Justiça do Governo Provisório. Ao assumir o cargo de Ministro, inicia seu programa de reformas. Para se ter uma idéia, a legislação nacional da época baseava-se em ordenações de 1603 e a situação era anárquica do ponto de vista jurídico. Elaborou o Código Civil Brasileiro, propõe o registro civil de nascimento, casamento e óbitos, inclusive a secularização dos cemitérios. Separou a Igreja do Estado, proibindo a intervenção federal nas questões religiosas e vice-versa, estabelecendo a liberdade de culto.

Mais tarde foi eleito Governador do Estado de São Paulo em 1896, com 55 anos de idade, numa cerimônia cheia de pompas e com a presença de toda a velha-guarda republicana.

Em 1898 se lança candidato à sucessão de Prudente de Morais e registra uma vitória esmagadora sobre seu opositor, o ínclito general Lauro Sodré, que fora por 5 vezes consecutivas Grão-Mestre do Grande Oriente do Brasil, duas vezes governador do Estado do Pará e fundador do Rito Brasileiro no GOB.

Assume a Presidência da República aos 57 anos de idade, com o País em precaríssimas condições financeiras. Governou o País com bastante austeridade econômica, o que lhe valeu muita impopularidade e críticas constantes da imprensa. Finalmente, equilibrou o orçamento e resgatou o crédito da República, sob o comando do seu Ministro da Fazenda, o mato-grossense Joaquim Murtinho.

À sua sucessão, Campos Salles indicou Rodrigues Alves que, como ele, obteve uma grande vitória nas urnas; entretanto, no dia da posse, ao se retirar da Sessão Solene do Congresso, impopularizado que ficou devido à sua política financeira, Campos Salles recebeu a mais constrangedora das vaias que se tem notícia de um político.

Ao ser interpelado pela imprensa, disse que "se meu governo não alcançou tudo o que fora mister, pelo menos o Brasil já não figura mais dentre as nações devedoras". Na verdade, foi o único governo, desde a monarquia até o Brasil contemporâneo, que equilibrou as finanças e resgatou a dignidade do País no exterior.

No dia 18 de novembro, 3 dias após deixar a presidência, transportado de carruagem para a Central do Brasil, o veículo estava coberto, Campos Salles pede para que arrie a capota, queria sair como chegou: com a cabeça descoberta. Ao tomar o trem, houve estilhaços de vidros provocado por pedradas de seus desafetos. A sabedoria chinesa diz que não há remédio que cure a vulgaridade humana.

Administrou bem o País, mas não soube administrar seus próprios bens, teve que vender uma de suas fazendas para fazer o casamento de uma de suas filhas. Finalmente, mudou-se para outra fazenda em Rio Claro, conseguindo, um ano depois, saldar sua penhora. Durante esse retiro, Campos Salles resolve escrever suas memórias, publicadas somente 6 anos depois, com o nome de **"Da Propaganda à Presidência"**, onde narra toda a epopéia desde o início da idéia da república até a queda da monarquia, detalhando os erros e as malversações que se seguiram à instalação do novo regime até o término do seu governo.

Com o falecimento do Senador Joaquim Chaves, Campos Salles se elege senador por um curto período de 2 anos e muda-se para o Rio de Janeiro novamente, sendo reeleito para o cargo em 1913.

No Rio de Janeiro residia em uma modesta casa alugada que motivou a observação de um jornalista do jornal "A Gazeta de Notícias" a dizer que "era uma casa cujo aluguel se equivalia a uma casa de arrebalde".

No mesmo ano que fora reeleito senador, vendeu a fazenda para comprar uma casa em São Paulo, a qual também foi vendida para saldar o restante de suas dívidas, ficando completamente pobre e vivendo praticamente de favores de amigos no final da vida.

Morreu de trombose cerebral na cidade do Guarujá, onde se recolhera para fazer repouso, no dia 26 de junho de 1913. Em seu leito de morte, a esposa Ana Gabriela, seus cinco filhos e um sacerdote.

Sepultado hoje com sua mulher, repousa no Cemitério da Consolação, em suntuoso túmulo mandado construir pela Câmara Municipal de São Paulo em 1921.

VIDA MAÇÔNICA

Campos Salles, Rangel Pestana, Prudente de Morais e outros republicanos históricos, provavelmente foram Iniciados durante a vida acadêmica, já que são um pouco contraditórias e imprecisas as informações que possuímos sobre Loja, local e data da Iniciação.

Para um estudo de probabilidades de se conhecer a Loja onde Campos Salles foi Iniciado, vamos partir das chamadas **hipóteses de trabalho**, que, como a **análise de texto**, são métodos científicos reconhecidos e adotados pela historiografia internacional.

1.) A primeira hipótese que surge é de que Campos Salles tenha sido Iniciado na antiga Loja "Independência" de Campinas, instalada em **7 de junho de 1859**. Essa Loja seria a precursora da atual Loja "Independência", fundada em **23 de novembro de 1867**.

Ao ser fundada a atual Loja "Independência" de Campinas, consta de sua Ata de Instalação que a antiga Loja "Independência", que, inclusive, trabalhava no Rito Moderno e estava jurisdicionada ao Grande Oriente do Passeio, havia abatido suas colunas 7 anos antes. Portanto, é pouco provável que Campos Salles tivesse sido Iniciado nessa Loja, já que em 1859 ele contava 18 anos de idade e cursava o 1º ano de Direito na cidade de São Paulo.

2.) A segunda hipótese, e considerada a mais provável, é que Campos Salles tenha sido Iniciado na antiga Loja **"Fraternidade Campineira"**, que já existia em Campinas antes da fundação da atual Loja "Independência". Mas, infelizmente, não restou qualquer vestígio documental sobre essa Loja relacionada a Campos Salles e nem da antiga Loja "Independência" fundada em 1859.

Entretanto, ainda pelo processo da hipótese de trabalho, os historiadores insistem que Campos Salles tenha sido Iniciado na Loja "Fraternidade Campineira" por 3 razões:

- Em 1863, portanto 4 anos antes da fundação da atual Loja "Independência", Campos Salles surge como um dos fundadores da Loja "7 de Setembro" em São Paulo, cujo Venerável era Vicente Mamede de Freitas que, inclusive, fora seu professor nos cursos pré-acadêmicos na cidade de São Paulo. Afinal, para participar como fundador, em 1863, ele deveria ser, no mínimo, Grau 3 naquela época, já que essa é uma exigência constitucional.
- A atual Loja "Independência", considerada por alguns historiadores como reerguimento da antiga Loja "Independência", foi fundada em 23.11.1867. No mês seguinte, na Sessão do dia 28 de dezembro, consta a filiação de Jorge Miranda (Irmão de Francisco Glicério) e Manoel Ferraz de Campos Salles, dentre outros no Quadro da Loja. Na Sessão seguinte ele adota o nome histórico de **Kourferrail**. Isso prova que ele também não foi Iniciado na atual Loja "Independência", foi apenas filiado.
- No ano seguinte, em 6.6.1868, foi realizada a Cerimônia de regularização da Loja "Independência", onde encontramos a assinatura de Campos Salles como Grau 3. Isto significa que ele já estava no Grau de Mestre há mais de cinco anos, época que coincide com a fundação da "Fraternidade Campineira", cuja data não se conhece, mas foi Regularizada em 1.9.1859.

A maioria das informações que temos da vida maçônica de Campos Salles aconteceu na cidade de Campinas, já que as fontes primárias dessas informações estão registradas no Livro de Atas da atual Loja "Independência".

Em meados de 1869, houve eleição para a nova administração da Loja "Independência" e, após a Sessão de Posse da nova diretoria, Campos Salles, que ainda era Grau 3, é Elevado, na mesma Sessão, ao Grau 18, Cavaleiro Rosa-Cruz.

Em 28.8.1870, Saldanha Marinho, que era Grão-Mestre do Grande Oriente dos Beneditinos, depois transformado em Grande Oriente Unido, foi recepcionado na Loja "Independência" por brilhante peça de arquitetura do então Orador, Irmão Manoel Ferraz de Campos Salles.

Campinas tinha um carinho especial por Saldanha Marinho; afinal, foi ele quem, quando governador de São Paulo, construiu a Estrada de Ferro Jundiaí/Campinas, que mais tarde viria a ser a **Companhia Paulista de Estrada de Ferro**, tão importante para o desenvolvimento de Campinas, da região e de toda a Província.

Campos Salles permaneceu como membro da Loja "Independência" por um período de quatro anos, tendo solicitado seu desligamento da Loja, juntamente com Jorge Miranda, na Sessão do dia 15.12.1871, que lhes foi concedido sem maiores comentários ou justificativas.

Decorridos 5 anos, em outubro de 1876, foi fundada em Campinas, a importante Loja **"Regeneração III"**, da qual Campos Salles participou como fundador. No ano seguinte, em 20.8.1877, em Sessão do Supremo Conselho do Grande Oriente Unido, Campos Salles foi Elevado (proclamado) ao Grau 33, **Soberano Grande Inspetor Geral**, na qualidade de membro efetivo dessa mesma Loja.

Depois da fusão do Grande Oriente Unido com o Grande Oriente do Brasil (18.1.1883), Campos Salles foi nomeado, no mês de julho de 1883, interventor da Loja "Regeneração III". Em 4 de outubro daquele mesmo ano ele recebe o título de **Membro Honorário do Supremo Conselho**, pelos relevantes serviços prestados como Interventor, cuja atuação foi citada até no Relatório do Grão-Mestre relativo ao período1882/1883.

Este acontecimento prova que Campos Salles foi um Maçom atuante, ativo e assíduo por pelo menos durante 25 anos de sua vida. Considerando que em 1863 (já como Grau 3) foi fundador da Loja "7 de Setembro" em São Paulo e, em julho de 1883, após a fusão do Grande Oriente do Brasil com o Grande Oriente Unido ele estava em plena atividade, inclusive recebendo o título de Membro Honorário, torna-se fácil deduzir pelo chamado processo da Análise de Textos.

A vida deste estadista ilustre e republicano histórico na Maçonaria, na minha opinião, tem algo em comum ou se confunde um pouco com a história de um outro nosso Irmão, não menos ilustre, Wolfgang Amadeus Mozart: ambos morreram na miséria e, após a morte, a Maçonaria não lhes prestou nenhuma homenagem. Naturalmente não se critica, aqui, a Instituição, mas os dirigentes da época. Como disse Kurt Prober, não fosse o general Thomas Cavalcanti de Albuquerque ter feito referências aos relevantes serviços prestados por esse Irmão à nossa Pátria e à Ordem, em Sessão do Supremo Conselho de 1.7.1913, certamente seu falecimento teria passado despercebido pela Maçonaria brasileira.

A terra, esta boa mãe, tem, felizmente, uma inconsciência, que a preserva do desgosto de sentir a nossa ingratidão.

Olavo Bilac

BIBLIOGRAFIA:

1. CASTELLANI, José - "Os Maçons que fizeram a História do Brasil". Londrina: "A TROLHA".
2. DEBES, Célio - "Campos Salles". São Paulo: Municipal, 1977.
3. MENEZES, Raimundo de - "Vida e Obra de Campos Salles". Co-edição da Prefeitura de Campinas no Ano do Bicentenário, 1974.
4. PROBER, Kurt - "Manoel Ferraz de Campos Salles". Periódico - "O Aprendiz". Santos, 1975.
5. SALLES Jr., Antonio Carlos - "O Idealismo Republicano de Campos Salles". Rio de Janeiro: Zélio Valverde, 1944.
6. STOLF Neto, Francisco - In "Alfarrábios". "Loja Independência", Campinas - SP, 1989.

Este trabalho é dedicado pelo autor, à ARLS "Campos Salles Nº 2.654", do Oriente de Campinas - SP, pelo transcurso do seu 10º Aniversário ocorrido no dia 13 de novembro de 2001.

A Tolerância Maçônica

Irm∴ Felipe Spir
Or∴ de São Paulo – SP

Ao Iniciarmos na Sublime Ordem, devemo-nos empenhar objetivando integrar-nos realmente no Espírito Maçônico, que é a prática da mais ampla tolerância, e significa dispensar a mais generosa benevolência relativamente às faltas e aos defeitos de nossos IIrm∴, os quais devemos procurar dissimilar para que propaguem os mais puros sentimentos de afeto e bondade, e com isso unam a todos os membros de nossa Família Maçônica numa sólida e leal Fraternidade.

A Maçonaria nasceu sob o signo da tolerância.

Ao contrário das religiões, a grande característica da Maçonaria foi precisamente a mais absoluta tolerância em matéria de religião e política, assuntos cuja discussão prescreveu, aliás, de todas as Lojas, diferenciando-se, neste particular, de qualquer agrupamento político ou religioso.

A Maçonaria não impõe e nem aceita nenhuma doutrina como definitiva, exclusiva, ou como sua própria, e, não pretendendo governar as consciências, limita-se a estimular constantemente seus adeptos a tudo examinarem, não pondo limites ao campo de suas investigações, deixando-os livres para aceitarem a crença que a consciência de cada um admita, liberando assim estes adeptos para que sigam a política partidária de sua preferência, e, incentivando-os para que sempre se constituam em intransigentes defensores da Liberdade, o maior bem conquistado pelo homem.

A Loja é um lugar onde se devem unir homens tolerantes de boa vontade, que amem a justiça e a nobreza; homens possuidores de corações puros e sem manchas, desejosos de ser úteis aos outros e que tenham a mais verdadeira compreensão desta palavra maravilhosa que chamamos FRATERNIDADE.

Existirá, então, nesta Loja, a AMIZADE, o AMOR e a TOLERÂNCIA, que fazem com que se passe a TROLHA, que é o símbolo que a Maçonaria adotou para indicar o amor fraternal que deve unir a todos os Maçons, único cimento que os Obreiros podem utilizar para a edificação do Templo.

Devemos, portanto, passar a trolha para esquecer as injustiças, perdoar um agravo, dissimular um ressentimento, desculpar uma falta.

Todavia, não devemos fazer uma interpretação errada a respeito da tolerância, isto é, perdoarmos tudo, mesmo os delitos, os vícios e os crimes, esquecendo que tais fatos jamais poderão ser qualificados de tolerância, senão, de complacência covarde ou mesmo conivência condenável.

∴

Virtudes Cardeais

Irm∴ Derly Halfeld Alves
Loja "Fraternidade Brazileira" de Estudos e Pesquisas
Or∴ de Juiz de Fora – MG

Quando pensamos ou falamos em virtudes, nos vêm à mente as virtudes em que as Escrituras Sagradas e a tradição privilegiam como virtudes Teologais: – A Fé, a Esperança e a Caridade.

Coelho Neto, o nosso grande poeta patrício, dizia que a "Caridade é a virtude predileta de Deus".

Não necessariamente a caridade da esmola financeira, não a caridade do apiedamento, e sim a caridade expressa pela fraternidade, pela compreensão e até mesmo pelo amor ao próximo.

A verdadeira caridade é praticada por aqueles que a fazem de olhos vendados, os que dão com a mão direita sem que a esquerda saiba do acontecimento.

Virtude vem do latim **(virtus, virtutis)**, é a disposição permanente de praticar o bem e de se evitar o mal. Alguém já disse que só o ser humano tem a virtude de pensar, de raciocinar.

No dia da nossa Iniciação, o Venerável Mestre, entre outras, nos indaga: – "que entendeis por virtude?" a resposta nem sempre condiz com a realidade do vocábulo ou o significado teológico e filosófico. E o Venerável conclui: – "é a constante disposição da alma que nos induz a praticar o Bem e evitar o Mal".

Teologicamente, para o cristianismo, as virtudes naturais ou morais se fundem na natureza do ser humano e conceituam como principais, entre elas, a Prudência, a Justiça, a Força e a Temperança, que podemos ordená-las como **Virtudes Cardeais.**

PRUDÊNCIA

É a primeira das virtudes cardeais que auxilia a nossa inteligência para distinguir os meios adequados ao fim sobrenatural; é ainda a qualidade do ser humano que age com comedimento, com cautela e moderação.

Berthélemy, julgamos ser Jules Berthélemy Saint-Hilare, filósofo e político francês, já que existem, com o mesmo sobrenome, um marquês, um padre e um físico, assim se expressa sobre a Prudência: *"De todas as qualidades da alma, a mais eminente é a sabedoria, a mais útil é a* ***Prudência****"*.

A Prudência nos proporciona a discernir o que é falso e o que é verdadeiro – esta situação nada tem a ver com a função SE prevista no aplicativo Excel e que serve para testar o verdadeiro e o falso.

A Prudência é a virtude que nos faz conhecer e evitar a tempo as inconveniências ou os perigos e que nos faz conhecer e praticar o que convém na vida social. Ela alia-se com freqüência à discrição; nos faz pensar duas vezes e examinarmos a consciência, nos tornando um ser ponderado, reflectivo e que nos leva a uma introspecção para chegarmos até a uma autocrítica.

É da sabedoria de Epíteto, a máxima: – *"Um adulador parece-se com um amigo, como um lobo se parece com um cão. Cuidado, pois, em não admitir inadvertidamente, na sua casa, lobos famintos em vez de cães de guarda"*.

Finalmente, encontramos num dos Rituais do Rito Brasileiro esta afirmativa:

> *A Prudência refreia a ambição insofrida e cega, e opõe-se à incúria, à negligência e à inépcia.*

JUSTIÇA

Virtude moral, pela qual se atribui a cada indivíduo aquilo que lhe compete no seio social: – praticar a justiça.

A Justiça na Ordem Maçônica é a verdade em ação. "Cuique suum ou suum cuique" – dar a cada um o que é seu, ou dar o seu a seu dono.

Ela independe de qualquer consideração de raça, nacionalidade, sexo, posição ou crença religiosa.

Constitui a Justiça o sustentáculo fundamental entre os indivíduos e os Estados, podendo ser considerada a Alma da sociedade. Cabe ao homem amar a Justiça como condição de vida: – *"procurai primeiramente a Justiça e o resto vos será dado em abundância"*.

Jesus, o Soberano Pregador, em seu Sermão da Montanha, proferiu: – *"Bem-aventurados os que têm fome e sede de Justiça, porque serão consolados"*.

Todos os povos têm, de certa forma, procurado honrar e dignificar a Justiça. Na Antigüidade greco-romana, deram-lhe a forma de Mulher – Astréa, filha de Júpiter, era a deusa da Justiça entre os gregos; entre os romanos era Têmis, cuja estátua é presente em alguns Ritos Maçônicos. Têmis tem a fisionomia severa, o pé direito colocado sobre o livro da "precária lei dos homens"; os olhos vendados; uma balança na mão esquerda e uma espada na mão direita.

Dizem que a venda tem como significado a proteção que a Justiça deve tanto aos poderosos (ricos) e aos pequenos (pobres).

Cícero já pregava "summun jus summa injuria – extrema justiça, extrema injustiça".

A Justiça deveria ser um dos pilares da sociedade, considerando que podemos conceituar a Liberdade e a Paz como o tripé da sociedade organizada.

Concluímos dizendo que é uma grande injustiça alguém esperar por Justiça.

FORÇA

Palavra também de origem latina (fortia); quando inserida na parte teológica, o cristianismo considera a Força como uma virtude natural, no nosso caso, cardeal, e temos a impressão que assim foi determinado com base na alquimia, ou seja, na força dos elementos da água, do ar, da terra e do fogo, uma vez que tais elementos possuem forças naturais – uns pelos aspectos para o bem da humanidade, em outras ocasiões consideradas como tormentosas para o ser humano, tais como as inundações, os furacões, os grandes incêndios florestais e urbanos, além da terra, por vezes improdutivas ou nos desaterros e crateras. Outros aspectos, podemos exemplificar o vocábulo Força: – força de caráter, força da lei, força de vontade, força do tempo, força do trabalho, força pública, força armada, enfim, um verdadeiro rosário usando a palavra em pauta.

> *Ah! É ótimo / Ter a força de um gigante, mas é uma tirania / Usá-la como gigante* (Shakespeare).
>
> *Quem baseia o seu direito só na força, autoriza-nos a usar de força contra ele* (Imre Madách).

TEMPERANÇA

A palavra Temperança, como muitos outros vocábulos, origina-se do latim (temperantia). É a última virtude das quatro tidas como morais ou cardeais, que disciplina os impulsos, desejos e paixões humanas.

Vamos encontrar novamente a Temperança ilustrada e homenageada no 12º Grau do Rito Brasileiro – *"O Mestre da Temperança é o Obreiro senhor de si mesmo, capaz de dominar e usar os bens da vida, como uma visão superior, construindo o futuro, com serenidade e firmeza"*.

É a moderação ou a barragem dos apetites e das paixões, sendo o império sobre si mesmo.

Lá está, no frontão do templo de Delphos, a tradução latina da inscrição grega Gnothi Seautom: – *"nosce te ipsum – conhece-te a ti mesmo"*.

A Temperança impede a vaidade, a petulância, a opulência e até mesmo o orgulho do poder. É ela a neutralizadora dos Sete Pecados, no conceito religioso: – a Soberba, a Ira, a Luxúria, a Preguiça, a Inveja, a Avareza e a Gula.

Navarrete sentenciou: – *"A Temperança é a mãe de todas as virtudes"*; e Demófilo concluiu: – *"A Temperança é a robustez da alma"*.

∴

Perspectivas da Maçonaria para o Terceiro Milênio

Irm∴ Luiz Gonzaga Rocha
Or∴ de Brasília – DF

PREÂMBULO

As considerações que tenho a honra de apresentar para os meus Irmãos neste articulado, é o resultado de um esforço hercúleo para trazer à tona uma mera tentativa de sistematização de como poderá vir a ser a modernidade da Maçonaria.

A tarefa, sem dúvida, vai muito além da minha capacidade intelectual. De qualquer modo, quero apresentar minha contribuição, embora modesta, para incentivar outros a fazerem o mesmo. Escrever sobre o futuro da nossa Ordem Maçônica.

Irei fazer uso de uma linguagem simples, quase rasteira, uma linguagem que entendo e que espero seja entendido. Escolhi como ponto central das minhas referências a Individualidade. O *"Eu"*, princípio e fim de todas as coisas. No presente articulado deixarei de lado as citações, os raciocínios complexos e as grandes especificidades que marcam as grandes questões do momento atual e que, conseqüentemente, marcarão o futuro da Maçonaria. Irei me fixar, objetivamente, numa perspectiva da Maçonaria para o Terceiro Milênio, trabalhando, mentalmente, com cinco ou seis cenários específicos.

E, antes de quaisquer outras considerações, almejo adiantar aos que me lêem nesta oportunidade, a necessidade que tenho de, antecipadamente, formular dois pedidos e de passar uma mensagem específica, antes de discorrer sobre o tema: Perspectivas da Maçonaria para o Terceiro Milênio.

PRIMEIRO PEDIDO

Para objetivar o desafio de estar à altura das expectativas dos Irmãos, é preciso que as minhas palavras não sejam vãs, mas que penetrem e se integrem em cada um dos Irmãos, assim como penetra e se integra a água que bebemos, o alimento que consumimos e o ar que respiramos. É preciso que estas minhas palavras sejam adequadas ao seu espírito e às suas mentes, como adequadas são as vestes, os calçados, as Jóias e os Aventais que utilizamos em nossas Sessões Maçônicas.

É preciso que estas minhas palavras, sobretudo, criem um amplo canal de diálogo para a identificação dos propósitos maçônicos e das aspirações dos Irmãos frente à Nova Ordem que já nos envolvem. Por fim, é preciso que estas minhas palavras possam provocar um amplo debate entre os Irmãos, e que este artigo tenha como objetivo a troca de experiências e a sistematização das políticas que se quer ver implantadas no Terceiro Milênio.

O RECADO

Aos que prevêem o caos a curto e a médio prazo, instamos a meditar sobre a necessidade de outros artigos sobre o mesmo tema. Instamos ao estudo da nossa Ordem e à vistoria literária ao seu passado de glória. Recomendamos, por oportuno, a leitura dos nossos livros: *"A Bucha e Outras Reminiscências Maçônicas"* e *"Apontamentos para a História da Maçonaria"*. Instamos a meditar sobre a necessidade do diálogo produtivo e desarmado, o diálogo aberto, que não oponha nem acirre as opiniões, que não aguce as resistências nem levante os preconceitos de parte a parte. Instamos a um diálogo que construa, que soerga e que conduza ao consenso sobre os direitos e deveres do Maçom frente à sociedade dos homens no futuro.

Entendo que se não começarmos a construir o futuro, de dentro para fora, será muito difícil construí-lo de forma alheada aos nossos interesses e aspirações, ou seja, de fora para dentro.

Hoje, mais do que nunca, é preciso saber ouvir. Ouvir para evitar que o futuro nos enfraqueça e nos conduza à inatividade. Hoje, mais do que nunca, é preciso pensar, falar e escrever sobre o futuro da nossa Ordem Maçônica. Pensar, falar e escrever para evitar que o futuro não nos atropele e o nosso silêncio de hoje não possa vir a ser interpretado como cumplicidade ou como indolência. Hoje mais do que nunca é necessário criar uma nova realidade para o nosso próprio futuro e para o futuro da nossa Sublime Ordem.

OUTRO PEDIDO

Todo aquele que ler nesta oportunidade, está sendo chamado à responsabilidade da construção da Nova Ordem, independentemente do fato de ser trabalhador braçal, engenheiro, advogado, médico, professor, militar, comerciante, industrial, economista, funcionário público ou outra profissão que a minha concepção não consegue citar nesta oportunidade. Sejamos todos, gerentes e planejadores do futuro da nossa Ordem. Vamos deixar passar ao largo nossas divergências, sejam elas de ordem moral, intelectual, profissional ou de graduação maçônica ou profana, para sermos obreiros da Ordem, para preparar a Maçonaria do Terceiro Milênio. Para sermos, única e tão-somente, os Maçons do futuro.

Sopesados todos esses aspectos e apontada a realidade que pretendemos construir, reagrupados os interesses e motivações, definidas as propostas e dentre estas, listadas as prioridades da ação, estará pronto o nosso ideário maçônico. Agora é hora de agir. A ação é aquele núcleo de possibilidades que cada Irmão possui quando tudo o mais se perdeu. A ação é aquele reduto inexpugnável da vontade de cada um de nós, aquilo que nos dá força para reorganizar o caos.

Meus Irmãos – ***se não nos unirmos, fracassaremos separadamente. E o futuro da nossa Ordem estará irremediavelmente perdido, até que outros nos unam e partamos para uma nova reconstrução do caos.***

NOSSO OBJETIVO

Objetivamente, o que me inspira hoje é a ilimitada confiança de estar apresentando uma alternativa de revigoramento dos ensinamentos e da prática maçônica para a sociedade do futuro. Não fará nenhum sentido escrever e vir aqui dizer coisa diferente das que me proponho escrever e dizer. A mensagem central é, de fato, a convicção de que ***"seremos capazes de construir o futuro"***, se soubermos utilizar inteligente e ordenadamente os recursos que serão colocados à nossa disposição para transformar a sociedade. Por isso, e só por isso me dispus a escrever este articulado para o INBRAPEM e me submeter à crítica abalizada do meu Irmão. E, para incentivá-lo à construção de um novo ideal maçônico complementar ao que temos hoje.

O FUTURO AGORA

Foi o homem do passado que mudou a essência do mundo em que vivemos presentemente. O futuro agora, é mais deles do que do nosso labor. Armado de rigor científico e da paciência minuciosa da análise, ele desvendou os segredos da matéria, das forças do globo e do universo, desmistificou o que era fantasioso, estudou a física no seu laboratório e afastou as incógnitas para longe e trouxe para perto de si o conhecimento do espaço cósmico e das galáxias, produziu novas forças no infinito das partículas subatômicas e das realizações sociais.

Foi o homem do passado que ao descobrir que o seu futuro terrestre estava repleto de riscos, dedicou-se a encontrar meios para controlá-los ou na impossibilidade disso, a encobri-los de uma maneira ou de outra. Foi o homem do passado, com a mente voltada para o futuro, que multiplicou os remédios contra as muitas doenças, que armazenou e sintetizou os alimentos, que ampliou as informações sobre tudo o que lhe interessava naquele momento. Foi o homem do passado que procurou prever os caprichos do tempo e que desenvolveu políticas de previdência para garantir um mínimo de bem-estar social e de cuidados em caso de adversidades. Foi o homem do passado, em suma, que condicionou o nosso presente, e seremos nós que iremos condicionar o nosso futuro.

A evidência, *"prima facie"*, é perceber claramente o presente e optar pelas melhores alternativas futuras. Eis aí, o grande desafio dos tempos atuais: tempos difíceis, turbulentos e repletos de crises, de falta de recursos, de falta de idéias, de falta de tudo, como dirão alguns, mas também, digo eu, *"o tempo presente está repleto de oportunidade"*. E, estas oportunidades pululam no vácuo deixado pelos homens que diante dele sucumbe. O tempo hoje, meu amado Irmão, está a exigir homens não só com a capacidade de *fazer*, mas, principalmente, com a vontade de *pensar e fazer acontecer.*

O futuro, agora, exige nova realidade e, em breve, exigirá novas soluções. O homem do passado, embriagado por suas capacidades e seus sucessos imediatos, não se deu conta de que em diversos casos deixou uma conta muito alta para ser paga pelos benefícios de hoje. Além do mais, parece que relegou a um plano secundário as aspirações da filosofia, da ética, da religiosidade e da fé, da hierarquia dos valores sociais, da disciplina e da moralidade dos costumes, que são os instrumentos que podem emprestar uma harmonia contínua a todos os seus empreendimentos e conquistas. Sem o amparo desses instrumentos e, por outro lado, confiando excessivamente no seu poder tecnológico, o homem do presente, segue todos os caminhos que esse poder lhe abre, sem se perguntar aonde poderão levá-lo. E, desse modo, o seu futuro [o nosso futuro] torna-se, então, completamente imprevisível.

O resultado, meus amados leitores, é que o futuro se apresenta cada vez mais incerto e mais confuso do que nunca. E, volto a bater na mesma tecla anterior para reafirmar que o menor caminho, para que possamos alcançar os nossos objetivos futuros, é criar as condições para que os Irmãos possam participar dos destinos da nossa Ordem mais efetivamente.

A história não volta atrás, nem mesmo para beneficiar a sociedade, muito menos para castigá-la. Mas a história é implacável com quem dela se descura. E nós não podemos descurar com a nossa história, com a história da nossa Sublime Ordem e muito menos com a história do nosso País.

O FUTURO ONTEM

Cada época carregou o seu fardo de sofrimento e perigos e ao mesmo tempo abrigou esperanças num futuro melhor, quando não assenhorou-se destas perspectivas. Os nossos Irmãos de ontem, com certeza, também olhavam com desconfianças os dias pretéritos e teciam conjecturas sobre o futuro e, com certeza, imaginavam que a nossa Ordem talvez não sobrevivesse às sociedades do futuro.

O futuro para os nossos Irmãos do passado era algo repleto de incógnitas, e porque se pensava em uma vida ulterior, criaram concepções que pudessem perpetuar o seu tempo, o seu modo de pensar e de agir, na esperança de condicionar a sociedade do futuro alhures.

E a esses Irmãos do passado, devemos homenagens pelos inestimáveis legados culturais das sociedades anteriores à sua época. Isto é, perpetuamos no presente, o passado do passado dos nossos antepassados. E, desculpem, mas não quero discutir aqui, se isto foi bom ou ruim. Se deve ser assim ou não e se devemos continuar apegados às tradições da Nossa Ordem ou não. Estes pontos não estão em discussão neste articulado, a não ser que o Irmão pretenda discuti-lo num segundo tempo, ou melhor dizendo, num outro articulado.

Em verdade, o que quero dizer é que o futuro ontem, não era muito diferente da idéia do que os homens fazem hoje em relação ao futuro, ou seja, estamos perpetuando coisas do passado para os homens do futuro. Toda a questão, em síntese, parece-me residir no seguinte: ***"Os homens, diversamente do que supõem alguns, são sempre iguais; o que muda são as sociedades"***. E, estas sociedades mudam porque, sob a influência combinada da racionalidade e do desenvolvimento técnico-operacional essas sociedades sempre terminam cedendo às pressões liberalizantes e igualizantes da maioria.

E aí, parece estar um dos pontos essenciais dessa nossa conversa hoje, que é a necessária mobilização dos nossos interesses, tornados públicos, em todos os setores da atividade humana, de forma que possam reorientar o mundo ou a sociedade, num futuro próximo, menos próximo ou mais distante da nossa realidade. Pois foi assim que procederam os nossos antepassados, ou o meu amado Irmão pensa diferente? Verdade seja dita: ***o que conduzirá às***

mudanças que exigimos na atualidade e às transformações que se concretizarão [ou não!] no momento futuro apropriado, será a nossa ação hoje, de forma ordenada e coordenada, articulada e dirigida para um fim específico.

Quero dizer que o futuro não é obra do acaso. O futuro não é algo que simplesmente acontece; ao contrário, o futuro é constituído por nós – homens e instituições – e depende essencialmente das nossas percepções sobre o presente e das ações com que responderemos a estas percepções. ***Perceber claramente o presente e optar pelas melhores alternativas futuras, eis aí o grande desafio dos tempos atuais e este com toda a certeza, também, foi o desafio dos tempos passados.***

O FUTURO AMANHÃ

Vem da Antigüidade a convicção de que, para melhorar a sociedade é preciso melhorar o homem. Outra não foi a pregação de Sócrates, de Hermes Trismegisto, de Pitágoras, de Aristóteles, de Jesus, de Buda, de Krisna, de São Tomás de Aquino, de Francis Bacon, de Spencer Lewis e de muitos outros místicos em todas as épocas passadas. As sociedades esotéricas e a Maçonaria, como tal, não fizeram outra coisa ao largo do tempo. E todos pregaram no deserto, ou melhor, pregaram no vazio. Isto se deu porque os homens, individualmente, não são hoje, como não foram no passado, nem o serão no futuro, muito diferente do que eram ou foram no tempo de Sócrates ou de Jesus. Os homens, em verdade, não mudaram. O que mudou foi a sociedade que os acolheu e a sociedade que nos acolhe presentemente.

A fase da história que se abre diante de nós é absolutamente nova. O episódio de 11 de setembro de 2001 e o mundo que renasceu das cinzas das torres gêmeas do World Trade Center são provas por demais contundentes para serem negadas. Os ensinamentos do passado poderão não nos ajudar muito, principalmente, por estarmos sozinhos frente ao futuro. Por outro lado, a nossa *Nave Espacial Terra* parece desgovernada e todos os macrossistemas do mundo: o ecológico, o econômico, o sócio-político, o cultural, o ético e o religioso, nos parece estarem submetidos a processos de crescentes desestabilizações. Os microssistemas de que dependem, física e moralmente a existência das sociedades esotéricas, parece estarem perdendo sua capacidade de auto-regulagem e parece caminharem, aceleradamente, para uma catastrófica desintegração.

A Maçonaria, que hoje é uma associação formal, aberta aos homens de diversas procedências, não está isenta aos riscos que correm todas as sociedades esotéricas do mundo. Por isso, ela precisa consolidar o conceito maçônico da coexistência racial e religiosa, de fraternidade universal e de sociedade multirracial, trabalhando de forma sistemática, persistente e abertamente nos diversos campos do entendimento humano, seja ele predominante político, social, filosófico, religioso, cultural ou coisa que o valha.

Eric Hobsbawm em seu livro [A Era dos Extremos – O Breve Século XX] nos ensina que *o presente século foi breve e extremado: sua história e suas possibilidades edificaram-se sobre catástrofes, incertezas e crises, decompondo o construído no longo do século XIX. [...], a estrutura do Breve Século XX parece uma espécie de tríptico ou sanduíche histórico,* visto que se reporta a uma *"Era de Catástrofe"*, que estendeu de 1914 até depois da Segunda Grande Guerra Mundial, a qual *seguiram-se cerca de 25 ou 30 anos de extraordinário crescimento econômico e transformação social, anos que provavelmente mudaram de maneira mais profunda a sociedade humana que qualquer período de brevidade comparável. Retrospectivamente, podemos ver esse período como uma espécie de Era de Ouro, e assim ele foi visto quase imediatamente depois que acabou, no início da década de 1970.*

Para Eric Hobsbawm *a última parte do século foi uma nova era de decomposição, incerteza e crise – e, com efeito, para grandes áreas do mundo, como a África, a ex-URSS e as partes anteriormente socialistas da Europa, foi uma Era de Catástrofe.* E continua aquele pensador a considerar que *à medida que a década de 1980 dava lugar à de 1990, o estado de espírito dos que refletiam sobre o passado e o futuro do século era de crescente melancolia fin-de-siécle.* Para finalmente acentuar, com muita propriedade, que *analisando do privilegiado ponto de vista da década de 1990, o Breve Século XX passou por uma curta Era de Ouro, entre uma crise e outra, e entrou num futuro desconhecido e problemático.*

É claro que Hobsbawm não faz nenhuma referência à Maçonaria ou às sociedades esotéricas similares em particular, mas a questão essencial não é a Maçonaria em si – algo que passou ao largo para ceder lugar para as conquistas da ciência e da tecnologia neste fim de século – mas o reflexo de suas palavras e do seu pensamento em nosso meio e se materializou em nossas ações, afetando a nossa conduta. Para nosso consolo, o Breve Século XX – no dizer de Hobsbawm – acabou em problemas para os quais ninguém tinha, nem diz ter: ***Soluções.***

De qualquer forma, está claro que o futuro não é predeterminado, não é como se estivesse inscrito em um grande livro esotérico do destino que os profetas ou sábios pudessem tentar decifrar. O futuro, como já frisamos, também não será um produto do acaso ou de forças ocultas das quais ignoramos a existência. O futuro será, tão-somente, no que nos concerne ditar: *um produto do homem*. Em outras palavras, o futuro será uma exclusividade nossa e dependerá, essencialmente, de nós. Dizendo melhor, o futuro dependerá do que os bilhões de habitantes de nosso planeta farão dia a dia, e da maneira como o farão.

E o menor caminho para que possamos alcançar o futuro que almejamos, desculpe a repetição, é criando as condições para que os Irmãos participem dos destinos da nossa Ordem. O processo envolve a discussão permanente, participação freqüente, tomadas de decisões coletivas e autocrítica sobre os resultados obtidos e por obter-se. Os passos futuros precisam ser apontados e discutidos pelos Irmãos de forma concreta e livre de pressões. A integração, a participação e a democratização das decisões são condições *sine qua non* para determinar as perspectivas da Maçonaria para o Terceiro Milênio.

E, cada vez mais, torna-se necessário lançar um olhar à profundidade do passado para conseguirmos um sentido de perspectiva no futuro. E apenas uma grande perspectiva nos pode permitir situar nossa Ordem na posição que ocupa no ponto mais elevado da história e nos coloca no lugar ideal na evolução da espécie.

Vejamos agora alguns aspectos que merecem ser trabalhados pela Maçonaria e pelos Maçons, com vistas ao Terceiro Milênio, isto é, para os anos que vão de 2001 a 3000.

ASPECTOS RELEVANTES DA MAÇONARIA ATUAL E SUA PERSPECTIVA PARA OS ANOS FUTUROS

Na análise deste ponto em diante, tomarei sempre o homem

como pedra de toque e ponto de referência. Este, aliás, é o ponto de referência em todas estas nossas palavras. Afinal, é preciso nunca deixar de recordar que a maior invenção do século, foi a descoberta [invenção] do homem.

O HOMEM MAÇOM

O homem Maçom não é diferente dos outros homens. Ele é um exemplo específico da raça humana como todos os demais homens. Ele é *ele* e não é *tudo* nem *diferente* dos outros homens. Ele é um indivíduo com as suas peculiaridades e, nesse sentido, é um ser humano igual aos seus pares e como tal vive o mesmo dilema, vicissitudes, transtornos e benesses que a vida lhe impõe. Mas ao mesmo tempo, Ele é um *Iniciado*. É um ser representativo da Maçonaria e os seus atos omissivos ou comissivos acabam refletindo na Ordem Maçônica como um todo. Por isso, o homem Maçom se distingue no consenso dos homens comuns e, como tal, deve assumir essa responsabilidade.

A NOSSA RESPONSABILIDADE

Ora, se a sociedade não tolera a irresponsabilidade do homem comum na igualdade dos seres, jamais perdoará a Ordem pelos atos que cometemos em nosso nome, pelo fato de sermos Maçons. Portanto, a nossa responsabilidade deve ser um plantão contínuo, visto que os nossos atos se personalizam na nossa condição de Maçom e isto não só nos distingue dos demais seres humanos, como nos obriga à permanente vigilância dos nossos atos e pensamentos.

E, a Ordem, em sintonia com os novos tempos, necessita rever seus regimentos, regras e estatutos, substituindo pontos e criando outros, como por exemplo, o anacrônico Código Penal Maçônico pode ser substituído por um atual Código de Ética Maçônico, mais condizente com a realidade e com os princípios éticos e morais dos homens e da sociedade atual.

A FREQÜÊNCIA ÀS LOJAS E O RESPEITO AOS IRMÃOS

Essa responsabilidade que se personaliza em nosso dia-a-dia, também nos impõe o reconhecimento da autoria e a conseqüente aceitação dos nossos próprios atos frente a nossa Ordem e aos nossos Irmãos, Cunhadas e Sobrinhos. Nada mais perjuro que desconhecer esta realidade e deixar de assumir mais esta responsabilidade.

Um fato que parece afligir a nossa Ordem neste início de século é a baixa freqüência e a pouca participação dos Irmãos às Lojas. Isto é um grave ato de irresponsabilidade do homem Iniciado Maçom para com a Maçonaria, para com os seus Irmãos e para consigo mesmo.

A nossa responsabilidade aumenta quando se reconhece que quem faz a Loja é o homem Iniciado Maçom – ***EU, VOCÊ, NÓS*** –, portanto, é o mesmo homem que usa sempre o nome de Maçom ou da Maçonaria em suas conversas e preferencialmente quando se trata de negócios políticos, comerciais, profissionais ou sociais, que discute e faz a Maçonaria acontecer. Desta forma, a falência da nossa Instituição será a nossa própria falência. Corramos, portanto, a socorrer as nossas Lojas e a amparar os nossos Irmãos em suas vicissitudes e necessidades mais imediatas, para que ele possa nos socorrer no momento oportuno.

LIBERDADE, IGUALDADE E FRATERNIDADE

Em verdade, uma coisa que se questiona muito, é a distância entre o Maçom e a realidade concreta e objetiva que o cerca a partir do momento que entra ou sai dos Templos Maçônicos. Dentro do Templo Maçônico, a egrégora faz a diferença e anima o Ser. Fora das Sessões Maçônicas, o homem-Maçom só tem como guia os seus conhecimentos e a sua própria razão, e uma gama enorme de valores mundanos onde ele interage e torna-se, por vezes, acessível a outros conjuntos de valores diferentes dos valores estritamente maçônicos.

A influência do cotidiano é, com certeza, muito mais atuante em nossas vidas e o distanciamento do ideário maçônico acarreta o isolamento do homem Iniciado Maçom e causa o obscurantismo da própria Maçonaria. Enquanto o homem Iniciado Maçom não compreender estas três palavras: ***verdade, razão, justiça*** e estas: ***dever, hierarquia, sociedade***, a divisa revolucionária, ***liberdade, igualdade, fraternidade***, será apenas uma tríplice mentira propalada como ideário supremo da nossa Ordem e não como um definidor da nossa conduta humana, tornando-se um fator desassociativo que não nos conduzirá a lugar nenhum.

MAÇONARIA, DEUS E POLÍTICA

Sempre entendi que uma das particularidades das instituições fortes fosse a união dos seus membros em torno de um ideal. E, me pergunto e pergunto ao Irmão: Qual o ideal que nos une maçonicamente?

Se o Irmão demorou mais de cinco segundos para responder mentalmente a esta simples indagação, precisa urgentemente estudar a Maçonaria e analisar o seu papel de Maçom na sociedade maçônica.

Deus [G.·. A.·. D.·. U.·.], Liberdade, Igualdade e Fraternidade, deve ter sido a idéia que passou pelo pensamento de alguns dos Irmãos que me lêem nesta oportunidade. Lealdade, amor, Respeito, Fé [no sentido de crença nos princípios da Ordem], deve ter passado pelo pensamento de outros. Mas será que pensar ou mesmo cogitar estes termos nos faz diferentes dos homens não Iniciados Maçons?

Deus não é um princípio que anima o homem em todos os tempos? O desejo de liberdade, de igualdade e de fraternidade não inspira a Maçons e não Maçons? Lealdade, Amor e Respeito, não é uma divisa do ser humano? E então? Quer nos parecer que somente este tipo de cogitação não basta, já que não serve para distinguir Maçom e não-Maçom.

É sempre salutar para o espírito humano discutir seus princípios religiosos e essencialmente a questão da fé racional que fortalece cada um de nós. É fundamental pensar sobre a existência do Ser Iniciador e Criador de Todas as Coisas que existem, que existiram e que existirão. E este pensar nos levará ao homem. **O homem, afinal, é a medida de todas as coisas.**

Por que a Maçonaria não reúne a Grande Família Maçônica para discutir a essência de Deus e os princípios da fé cristã; a imortalidade da alma; os aspectos obscuros da vida e da morte? Por que a Grande Família Maçônica não se une para eleger seus Representantes na Câmara Federal, no Senado, nas Câmaras Estaduais e

Distrital [no caso do Distrito Federal] e até mesmo para eleger Prefeitos e Vereadores, onde lhe interessar tê-los eleitos?

E eu me pergunto e pergunto aos meus Irmãos: O que falta à Maçonaria para discutir estes e outros temas? O que falta à Maçonaria neste particular? E, não adianta querer me responder dizendo ou dizendo para si mesmo que os nossos Landmarks e as nossas Constituições e Regulamentos proíbem a discussão política em Loja. Aliás, se o Irmão atentar bem para a Constituição de Anderson, para os Landmarks e para os documentos originais da nossa Ordem, não irá encontrar nenhuma proibição neste particular aspecto. O Irmão irá perceber quando muito, que traduziram a expressão inglesa correspondente a *"devem abster-se de discutir política e religião"* como *"é proibido discutir política e religião"* em Loja Aberta. Comparem. Entendam, Convençam-se.

Dizer que a Maçonaria admite a predominância do espírito sobre a matéria; que proclama a existência de um princípio criador sob a denominação de Grande Arquiteto do Universo. Dizer que a Maçonaria é uma instituição educativa, filantrópica e filosófica, pode não representar muito para muitos Irmãos e pode não representar nada para os Profanos num futuro muito próximo. São princípios abstratos e que não adentram a nenhum princípio religioso específico, não discute nada e não cria nada. Em tese, não melhora em nada o homem ou a humanidade, portanto, não contribui para o melhoramento humano. Acreditem. Repensem. Divulguem.

AS RELAÇÕES ENTRE POTÊNCIAS

Outro aspecto que quero trazer à baila é o divisionismo que marca e separa a Grande Família Maçônica Brasileira. Repara: Grandes Lojas, Grande Oriente do Brasil, Grande Oriente Independente do Brasil, CMSB, COMAB. E isto só para fazer referência e citar os grandes centros congregadores de Maçons.

Entendo que o espírito de fraternidade da Maçonaria não deve conhecer, no futuro, essas fronteiras. A ação para a superação dessas fronteiras fictícias depende dos Maçons e de mais ninguém. Ajamos por nós mesmos. Nós formamos e constituímos as Lojas e as Lojas constituem a realidade maçônica. Tudo deriva das Lojas, nada existe sem Elas. As Lojas são os substratos, a base e o fundamento da Maçonaria.

Portanto, nós [os Maçons] somos a base da Maçonaria, mas, jamais seremos fortes se continuarmos desunidos. E esse desejo de unidade não deve ser somente meu ou seu, mas de todos nós. E antes de mais nada, deve ser um imperativo da nossa Ordem Universal. Os Tratados e Acordos até aqui assinados entre as Potências Maçônicas, *de per si, não serão suficientes para promover a unificação da Maçonaria brasileira, se os Maçons e as Lojas não se propuserem a união*. E o Mestre Antônio do Carmo Ferreira tem sido muito feliz em sua cruzada: A Maçonaria é um CENTRO DE UNIÃO e a vertente alimentadora sempre a mesma – a união das forças – onde homens de todas as raças, de todas as religiões e de partidos políticos diferentes, aí pudessem conviver, tolerantes uns às circunstâncias dos outros, como "obreiros da paz", destinados à construção de uma sociedade fraterno-universal.

MULHERES NA MAÇONARIA

Não sei até quando a identidade jurídica dos sexos falará mais alto em nossa Ordem. Hoje as mulheres estão em pé de igualdade com os homens em todos os setores da vida e conquistaram *status* civil, político, profissional e nas relações sociais que as colocam em alguns casos, a vários passos adiante do homem.

Na Maçonaria, quando se trata do tema, a discussão centra-se, geralmente, no problema da Iniciação e o assunto se esvazia e morre aí, por falta de argumentos e de perspectivas que possam inspirar e assessorar uma tomada de decisão tipo SIM, SIM, NÃO, NÃO.

As Forças Armadas do nosso País e do mundo já superaram este tipo de trauma há muito, e elas [as mulheres], em média, estão presentes na proporção de uma [1] para cada sessenta mil [60.000] homens nas fileiras das Forças Militares do Mundo. Em todo o Brasil – elas são hoje cerca de cinco mil e seiscentos [5.600] para quase trezentos mil [300.000] homens, ou seja, 1,8%, enquanto que no Exército norte-americano, por exemplo, elas representam 12% do efetivo militar. Em nosso País, segundo matéria publicada na Revista Veja, de 11 de novembro de 1998, existe em nossas Armas a proporção de uma [1] mulher para cada 62 homens no Exército; uma [1] para 41 homens na Aeronáutica e uma [1] mulher para cada 41 homens na Marinha do Brasil. Não dispomos de dados estatísticos da presença da mulher na Polícia Militar, mas sabemos que nos 27 Estados brasileiros elas estão presentes nas fileiras ombro-a-ombro com os homens, sem causar desconforto à sociedade.

Algumas Ordens esotéricas, em geral, entre as quais a AMORC, também já superaram os obstáculos e já admitem, há muito, as mulheres em seu seio. Ao que se sabe, por ser do nosso interesse, só a Maçonaria e a Igreja Católica resistem ao posicionamento de discutir com seriedade o assunto.

A Igreja e a Maçonaria, apesar de não admitir a Iniciação da Mulher, dedicam-lhes especial culto e até compartilham com ela, fragmentos do seu poder temporal, reconhecendo não existir diferença fundamental em ser homem ou mulher o *esforço interior* que anima o ser humano.

MAÇONARIA E IGREJA

Igreja e Maçonaria são duas grandes potências universais. Se conseguirmos ultrapassar os limites da tradição e vincular a nossa ação, somando o nosso trabalho ao da Igreja, poderíamos transformar a realidade e promover o bem-estar social da humanidade com menor esforço e desperdício de energia e recursos. E julgo que o grande passo neste sentido deve consistir num esforço mútuo. E não só a Igreja precisa rever seu posicionamento, como a Maçonaria necessita discutir o ecumenismo dessa relação que na atualidade distingue católico e Maçom, ou então, a Maçonaria deve partir para o rompimento total da suposta e imaginária relação com a Igreja. Neste particular o padre Aloísio Guerra, em livro, “Religião? Você Precisa ter Uma?” aponta o caminho das pedras.

Não tenho dúvida de que a Igreja precisa melhor se documentar sobre a Maçonaria e ambas devem compreender que o critério humanista prevalecerá sobre o religioso e sobre o filosófico e que será a partir dos valores humanos que o ideal maçônico e o ideal religioso se definirá e permitirá construir as relações futuras. Analisem. Discutam. Ponderem.

A FILANTROPIA MAÇÔNICA

O ideário maçônico norteia-se pelo lema: ***Liberdade, Igualdade e Fraternidade***, tendo a solidariedade humana como síntese do seu programa de ação em prol de uma humanidade mais feliz ou pelo menos não tão sofredora.

Mas a filantropia maçônica precisa voltar-se, urgentemente, para o atendimento dos seus membros. Há muitos Irmãos, Cunhadas e Sobrinhos necessitando do nosso apoio financeiro, moral e intelectual. Por ora, há uma enorme inversão de valores na prática filantrópica da Maçonaria. Em síntese, estamos fornecendo o peixe pronto ao invés de ensinarmos o homem a pescar, e, além do mais, estamos fazendo o mínimo por nossos semelhantes do que nos é permitido fazer e o que é mais lamentável, não estamos fazendo nada ou fazendo muito menos por nossos próprios Irmãos e por seus familiares. *O nosso Irmão é o próximo mais próximo.* Vale lembrar.

A INICIAÇÃO MAÇÔNICA

A perenidade da Maçonaria reside no processo de iniciação interna. Os mistérios que cercam o Ritual de Iniciação nos levam a refletir sobre o mistério da criação, sobre o que somos, de onde viemos e para onde vamos, ou seja, o início, o meio e o fim de todas as coisas.

O nosso Irmão Sérgio Luiz Alagemovits, em um dos seus trabalhos premiados no Concurso Demerval Cordeiro [Momentos de Transição], disse que: *"Enquanto não formos capazes de penetrar nos secretos bastidores da Ordem, de extrapolar o significado da sua estrutura simbólica e de ir além da forma física e palpável com que ele se nos apresenta, permaneceremos sem ter consciência do gigantesco potencial que tem nas mãos, todos nós que fomos um dia iniciados nos seus augustos mistérios".*

A Iniciação Maçônica não deve ser só uma pista para a regeneração interior do Neófito, ela precisa ser o mapa do homem iluminado, o traçado do homem que se redescobre e se assume como Ser Iluminado. Potente. Um novo homem. E, se o homem não tiver noção do que se passa com ele na Iniciação Maçônica, todo o mais não passará de uma reunião de amigos e a Maçonaria nunca deixará de ser um apêndice da nossa vida social. E com toda certeza, esta não pode e não deve ser a Maçonaria do futuro. Creio no futuro da Maçonaria brasileira, mas precisamos romper as barreiras que nos tolhe e sairmos para dizer alto e em bom som a todos os que nos puderem ouvir: *A Maçonaria não é e não será, nunca, uma reunião de Irmãos.*

A ESCOLA MAÇÔNICA DE SABEDORIA

A Maçonaria, herdeira das antigas tradições, necessita reformar não só a sua linha de conduta com vistas ao Terceiro Milênio, como necessita rever todo o seu método de transmissão dos conhecimentos e tradições das quais é detentora e cessionária.

Para tanto, necessita reformular os métodos de transmissão desses conteúdos, aprimorando os processos iniciáticos, impondo e exigindo estudos aos seus membros em todos os graus e níveis hierárquicos e, principalmente, assumindo a responsabilidade pela transmissão desses conhecimentos, atribuindo ao sujeito passivo a obrigação retribuitiva e a condição de responsável pelo aperfeiçoamento do conhecimento recebido.

A preservação da unidade maçônica está a recomendar que a Maçonaria [e os seus dirigentes] não distinga os diversos níveis de estudos nem os Graus e Ritos adotados, reconhecidos e não-reconhecidos, em razão da postura do Maçom ou do Rito a que se vincula esse mesmo Maçom. A diferença dos Graus e Ritos não deve ser privilegiada, pois a diferença de tratamento, o privilégio de alguns em detrimento de outros, irá gerar, forçosamente, a discórdia e as dissidências que animarão propósitos secessionistas.

CONCLUSÃO

Mais uma vez, quero deixar bem claro que o futuro não é obra do acaso. O futuro pode ser perfeitamente previsível ou completamente imprevisível, a depender do nosso comportamento e da nossa ação no presente. Aqui e Agora. Por isso reforço a mensagem central deste articulado ao reafirmar que é a crença ilimitada de que seremos capazes de construir o nosso futuro, a partir da nossa ação, que nos levará a acreditar num futuro melhor no século XXI.

À guisa de conclusão, quero manifestar um credo maçônico. Quero me despedir do meu Irmão e encerrar este articulado, pleno e convicto de que não fizemos muito, em verdade, não construímos nada, apenas levantamos a ponta do véu que encobre os nossos passos nos caminhos do futuro.

E me declaro satisfeito e agradecido pela oportunidade de aqui estar e poder apresentar estas considerações para os leitores do INBRAPEM, onde sei encontrarei eco no coração e na mente dos meus Irmãos.

MEU CREDO

Creio que o conhecimento maçônico não só deve vir do alto, mas deve alimentar-se diariamente nos anseios e necessidades que surgem da base esotérica em que se exercem os princípios maçônicos e se assenta a comunidade de Maçons. Creio, por isso mesmo, que é necessário juntar os conhecimentos esotéricos e exotéricos da Ordem, a nossa individualidade e a nossa consciência de ser, capaz e responsável pela manutenção da nossa Sublime Instituição.

Creio que os Irmãos querem autodeterminar-se, querem tomar nas próprias mãos o próprio destino. Querem lutar pela independência, pela liberdade, pela fraternidade e pela autogestão das Lojas e das suas respectivas Potências Maçônicas. Creio que essa luta é digna e merecedora de créditos, mas julgo que seria salutar, muito salutar, se os Irmãos pudessem comungar das mesmas idéias, posicionamentos e virtudes dos outros Irmãos que com ele caminham lado a lado.

Creio que os Irmãos não devam ser tratados como coisas, para que o futuro não seja o prolongamento do passado ou do presente, mas a concretização de nossas esperanças e o fortalecimento da nossa Ordem. Creio que precisamos construir um ideal, pelo menos um ideal, solene, que nos una e nos coloque acima das divisas de grupos e de pessoas, que unifique os desiguais num programa mínimo de valorização do Maçom e da Maçonaria. Creio que a Maçonaria e os Maçons serão mais justos, mais humanos, mais racionais e mais eficientes, se a confiança no futuro da Maçonaria for a confiança no nosso próprio futuro.

Creio que poderemos falar do Sagrado e do Profano, do presente, do passado e do futuro, desde que falando de Deus [G∴ A∴ D∴ U∴], estejamos falando, pensando e agindo em favor da Nossa Ordem, dos nossos Irmãos e do homem em geral. Creio que a confiança no futuro da Maçonaria seja a nossa maior força e que a confiança no nosso Irmão, o nosso maior ideal maçônico.

Que o Grande Arquiteto do Universo nos ilumine com a Sua Glória para que possamos ser dignos de sermos reconhecidos como seus filhos, sua imagem e semelhança.

∴

A Influência da Cultura Judaica e Greco-Romana, na Filosofia do Rito Escocês

Irm∴ Daniel Ruiz
Loja de Pesquisas Maçônica "Brasil"
Or∴ de Londrina – PR

Tudo o que falamos ou fazemos hoje, no mundo ocidental e parte do asiático, seja no campo da Ciência ou da Religião. O nosso conhecimento e compreensão está alicerçado em fundamentos bem profundos. Sustentado e representado por três colunas culturais. A RELIGIÃO, A FILOSOFIA E A POLÍTICA. Onde estão plantados todos os princípios de **"modus vivendi"**, de nossa atual sociedade humana.

O próprio conceito de Cultura, dado por M. J. Herskovits, "A Cultura é essencialmente uma construção mental que descreve o corpo total da crença, comportamento, conhecimento, sanções, valores e objetos que caracterizam o modo de vida de qualquer povo. Isto é, embora uma cultura possa ser tratada pelo estudioso como passível de uma descrição objetiva, em última análise ela compreende as coisas que o povo tem, as coisas que ele faz e o que ele pensa".

Este conceito, entre tantos outros, reúne as principais

categorias que são: Histórica, Descritiva, Normativa, Psicológica e Estrutural. Os critérios pelos quais se reconhece a Cultura: – é que precisa ser inventada, precisa ser transmitida de uma geração a outra e precisa ser perpetuada em sua forma original ou numa forma modificada.

A cultura da herança religiosa com os hebreus (monoteísmo), a crença em um único Deus.

A cultura da herança filosófica, com os gregos (logos), conhecimento racional.

A cultura da herança política com os romanos (direito), codificando as leis escritas.

A RELIGIÃO – etimol. Do latim, Re-ligare ligar novamente, o que estava separado, com a promessa em Abrão. Deus estava ligando o homem de novo ao criador, através de um culto prestado à divindade, reconhecendo como um dever sagrado e com uma crença viva.

Sociologicamente – um sistema solidário de crenças e práticas relativas às coisas sagradas, isto é, separados, interditados e que unem em uma mesma comunidade moral, chamada igreja.

A herança da cultura judaica, através dos hebreus há 4.200 anos, com o patriarca Abraão, criou a crença em um único Deus **(monoteísmo)**, com esse princípio serviu também para a formação no futuro de outras religiões como: o cristianismo e o islamismo.

A FILOSOFIA – Ciência geral dos princípios e causas, ou sistema de noções gerais sobre o conjunto das coisas, esforço para generalizar, aprofundar, refletir e explicar, sistema de valores, força moral e elevação de espírito com que o homem se coloca acima dos preconceitos.

Filosofar– raciocinar sobre assuntos filosóficos, discorrer sobre qualquer matéria científica.

A herança da cultura grega, com a busca do conhecimento do cósmico, a fim de ter respostas para as perguntas, que fazia sobre a origem do mundo e sobre os fenômenos naturais que ele via acontecer à sua volta, deu início ao período racional. Foram os gregos, os primeiros a usar maneiras diferentes de pensar para discernir entre o que tem existência aparente e o que tem existência real.

– QUE É QUE EXISTE?

– DE ONDE VIERAM AS COISAS?

– COMO É QUE ELAS SE TORNARAM?

– O QUE É O SER?

Há 2.600 anos, Tales de Mileto, um dos sete sábios da Grécia antiga, ficou famoso a partir da previsão que fez da eclipse que ocorreu no ano 585 a. C., acertou o dia e os locais de onde podia ser observado. Foi o primeiro filósofo que iniciou a argumentação racional na justificação das teses que explicam as origens das coisas.

Para ele, a **"água"** era o princípio criador de todas as coisas. Dando origem a outras filosofias, que defendiam o – **"ar"**, como substância inicial, o **"fogo"**, seria o princípio básico, e a **"terra"**, com esses elementos, formariam os quatro elementos primitivos.

PITÁGORAS – 582-497. a. C. Criou a escola de transmitir conhecimentos. Que baseava numa ciência experimental e acompanhada de uma organização completa da vida. Seu pensamento filosófico e a concepção que ele formulou sobre o – **"dualismo essencial"**, entre o limitado e o ilimitado, e, a equação de coisas e números.

SÓCRATES – 469-399. a.C. Para Sócrates, o objetivo primordial da filosofia é o ensino da virtude. Foi o primeiro filósofo a adotar um método que batizou com o nome de – **"maiêutica"**, tem por objetivo descobrir a verdade por meio da discussão. Lançava mão de uma pergunta, vinha a resposta e fazia outra pergunta em cima da resposta e, assim sucessivamente, até que julgasse estar mais perto da verdade. É tido como o inventor do raciocínio indutivo, iniciador da metafísica.

PLATÃO – 427-348. a. C. Foi tido como discípulo de Sócrates, amplia especulação sobre o conceito – estabelecendo sua teoria das **"IDÉIAS"**. Para Platão, as coisas nada mais são que meras sombras das idéias. Seu método foi batizado de **"DIALÉTICA"**. Suas principais obras: República (sobre a justiça e sobre o Estado). Fedon (sobre a imortalidade da alma e da doutrina das idéias). Gorgias (sobre retórica). O banquete (sobre o amor). Protágoras (sobre o nascimento das idéias entre si). Filebo (sobre o prazer). Fedro (sobre a beleza). Além de outras obras.

ARISTÓTELES – 384-322 a. C. – Considerado filósofo por excelência, suas obras falam sobre uma infinidade de assuntos: Ciência, Política, Matemática, Biologia, Ciências Naturais, Lógica, Moral, Psicologia, Metafísica, Meteorologia e a própria crítica literária. Foi criador da **LÓGICA DEDUTIVA**, método criado através de três princípios: 1) – Princípio de identidade. 2) – Princípio de não contradição. 3) – Princípio de terceiro excluído.

OS ROMANOS – Influenciou com a Cultura do **DIREITO**, codificando através da escrita. Dando princípios de normas obrigatórias, que disciplinam as relações dos homens em sociedade, com um conjunto de Leis, que estabelecem a forma pela qual se devem fazer valer os direitos.

NA POLÍTICA – Através da ascensão da REPÚBLICA, em 510 a. C.– provocando grande mudança no contexto da sociedade humana e nas condições de vida. Um ano depois – 509 a. C. – o cônsul Valério Poplicola promulgou uma Lei, que obrigava os magistrados ao recurso ou apelação, **"EX-OFÍCIO"**, para a Assembléia Geral, sempre que a vida ou os direitos de um cidadão estivesse em causa. Essa Lei Valéria, foi chamada de (Hábeas Corpus de Roma).

A luta dos Plebeus, para que as Leis de Roma fossem escritas e, assim, não mais tivessem de confiar na memória dos Patrícios. Em 450 a. C. a Lei das Doze Tábuas foi publicada constituindo a base de toda a legislação romana.

O extraordinário desenvolvimento político de Roma, faz do Estado Romano o precursor de todos os Estados Modernos de tipo ocidental.

Podemos observar através da história, que enquanto os hebreus já tinham a crença em um único Deus, e organizado seu código de leis religioso, os greco-romanos ainda não eram tidos como um povo desenvolvido culturalmente, só depois de muitos séculos se tornaram sábios. E quando estes se tornaram civilizados, os anglo-saxões viviam como bárbaros.

SÉCULO XVIII – É tido como o útero das chamadas Ciências Humanas (sociais). Período em que o **"ILUMINISMO"** (a luz da razão) teve seu maior apogeu de conhecimento filosófico, no seu campo da razão. Com as Escolas: EMPÍRICA e a RACIONAL.

A Escola Empírica, com Francis Bacon. Adotando o critério da experiência, como fonte de conhecimento, e, que só com ela, se pode garantir o conhecimento verdadeiro.

A Escola Racional, com René Descartes. Com o critério da evidência racional, que só aceita como única fonte de conhecimento a razão, como doutrina principal.

Dentro desse cenário intelectual, o mundo ocidental passa a ter comumente uma nova realidade social. Junto com o advento da Revolução Industrial, propiciando o progresso material, desponta o surgimento de novas instituições sociais, em particular a Maçonaria especulativa (intelectual). Usando como base teórica toda influência cultural herdada historicamente.

Hoje nos valemos dessa rica herança cultural, pois a temos presente, em nossos Rituais, com a Escola do Rito Escocês – criado por MICHEL RANSEY e seus colaboradores, que procuraram separar da fonte religiosa judaica, e, da sua teologia criando à parte um sistema filosófico, através de uma ficção engenhosa na construção de cada Grau. Formando uma hierarquia com a missão pedagógica, a fim de nos legar as leis imutáveis que regem o universo, dando ao templo de Salomão um sistema filosófico, para a busca da verdade, com o dever de combater a superstição, a ignorância e a tirania, de forma intelectual com a moral e ética, despido de toda tendência religiosa. Desde os chamados perfeição (inefáveis), até os de ordem administrativa do Supremo Conselho do Rito Escocês.

Como Escola Filosófica Maçônica, ela tem pautado de forma pedagógica no conhecimento de ordem moral, política e ética. Com suas alegorias, a despeito de cada cenário, dentro de cada Grau, para que os Maçons no seu cotidiano e nas suas relações com as instituições sociais (Política, Religiosa, Econômica e Familiar) tenham suas necessidades atendidas, de maneira harmoniosa e prazerosamente.

Embora esses propósitos só serão alcançados pela Maçonaria atual se ela conseguir "*desmistificar*" um de seus paradigmas de origem histórica – tida como **mística**. E para muitos Maçons, base doutrinária de cunho religioso.

No presente a nossa realidade cultural é fruto de uma estratificação social com interação nos processos sociais, com um sistema de status e papéis, que possibilita a mobilidade e conquistas, dando oportunidade ao Maçom desenvolver diferentes projetos na área sócio-cultural em favor da sociedade. Somos diferentes da classe que pertenciam os Maçons, quando fundaram a instituição no final do século XVII e início do século XVIII. Vinham de uma casta social, composta pela nobreza e aristocracia, tutelada pelos clérigos.

A sociedade pós-moderna ou contemporânea é pragmática, isto é, funcional de valores práticos, dentro das principais instituições. A Maçonaria, a despeito de seus princípios filosóficos, tem que alavancar um trabalho cultural direcionado para a construção de uma sociedade mais justa, propiciando melhor qualidade de vida aos seus cidadãos e pleno direito de cidadania.

∴

A Pesquisa em Maçonaria

Irm∴ Francisco Trautwein
Or∴ de Curitiba – PR

Era comum buscarem guarida nos conhecimentos egípcios, que segundo escritores renomados teriam sido herdados das prósperas civilizações. Atlântida e Lemuriana, destruídas devido a vaidade que cultivavam e também pelo uso inadequado dos conhecimentos esotéricos.
Anivaldo Faleiro Miranda
Caderno 15 de Pesquisas Maçônicas

Entendemos por pesquisa, a busca, a indagação, a investigação procurando encontrar a verdade.

Quais seriam as ferramentas do homem moderno na sua eterna procura da veracidade não só dos fatos, como também das idéias?

Hoje, no terreno científico, temos os sofisticados laboratórios, os observatórios astronômicos, os vôos siderais tripulados e os satélites artificiais, cujas observações criam teorias, hipóteses para serem demonstradas como falsas ou verdadeiras.

Quanto aos fatos e as idéias humanas teríamos um vasto arsenal de descrições alicerçadas na arqueologia, etnologia, etologia, lingüística, antropologia, sociologia e psicologia; comprovando ou invalidando conhecimentos e conceitos. Como é muito difícil, às vezes, fazermos pesquisas de campo, usamos inúmeras vezes a pesquisa bibliográfica constituída por publicações: documentos (fontes primárias) ou por monografias, livros de um modo geral (fontes secundárias), nos quais o autor procura justificar sua tese ou antítese nas conclusões de outros tratadistas de reconhecida capacidade e honestidade, no assunto.

Este é o aspecto geral que, praticamente, teve início no final do século passado, mas principalmente no começo do atual século; onde a experimentação, e as descobertas nos campos das ciências humanas, substituem o "magister dixiit" dos sábios das culturas arcaicas, e as alucinações e delírios de místicos desequilibrados.

Analisando o primeiro período do dístico inicial: "Era comum buscarem guarida nos conhecimentos egípcios". Que conhecimentos? Quais as influências egípcias na cultura do mundo antigo?

Não poderíamos dizer zero, porque este só foi descoberto e usado pelos indianos nos meados da Idade Média.

Porém, sabemos pelas modernas descobertas arqueológicas que o Egito encontrava-se e manteve-se num grau baixíssimo sob os vetores científicos, filosóficos e religiosos. Tinham alguns conhecimentos de geometria e astronomia. A filosofia deles era uma cosmogonia mitológica, dentro das idéias comuns a todos os povos do mundo antigo, que em muito precederam os egípcios com mitos da criação do universo e do homem; sendo os mais primitivos historicamente os da cultura sumério-acadiana. Sua teologia ficava num animismo e totemismo dos mais primários, pois seus grandes deuses eram representados por homens com cabeças de animais; adoravam alguns animais, comprovação obtida pelas múmias, encontradas, de certos animais (gato, crocodilo, escaravelho); Osíris e Ísis pertenciam aos velhos mitos da fecundidade e imortalidade como os anteriores dos sumérios: Dumuzzi e Gilgansesh e das demais culturas como Adonis, Átis, Orfeu, Dionísio, Jesus e Hiram Abi, sintetizados na morte e renascimento do deus em analogia com a natureza.

Quais seriam os escritores renomados: Leadbeater, Ragon,

Paul Burton, e alguns tupiniquins, cujo trabalho é copiar dos outros.

"Os conhecimentos egípcios eram herdados da Atlântida e Lemuria", que não sabemos se existiram, ou, principalmente a primeira seria fruto das histórias inventadas por quem não tinha o que fazer, ou mesmo um mito criado por Platão. Até o dia de hoje, não existiam evidências arqueológicas da existência de tão prósperas e evoluídas culturas.

Esoterismo seria a doutrina dos círculos mais restritos das sociedades iniciáticas, ou das religiões criadas pelos sacerdotes para melhor explorar o homem em benefício próprio. O que constituía o esoterismo antigo? Uma série de práticas de magia oral ou gestual, criando cerimônias de ofertas aos deuses para aplacá-los ou comprar os favores deles como fazem até hoje os "pais de santos" ou mães em seus cultos afros.

Modernamente o esoterismo transformou-se nas modernas medicinas alternativas, nas quais encontramos as velhas "mesinhas"; chás de plantas (fitoterapia) das velhas mucamas, acupuntura, hipnose, homeopatia, passes ou "sacudimentos", florais, magia, bruxaria, e todo um universo com adivinhações astrológicas, "taróticas" e outras.

Temos uma fatia da literatura ocultista dos autores do realismo fantástico, culminando com o sucesso do escritor Paulo Coelho, o Papus moderno; demonstração insofismável da procura das pessoas pelo incomum para solucionarem seus problemas comuns, criados por uma sociedade irracional e consumista, onde não tem lugar o amor sob a forma de tolerância.

Tanto os órgãos de comunicação maçônica (jornais e revistas), devem ter o cuidado de não publicarem toda essa baboseira esotérica, pois na realidade exprimem superstições geradas pela ignorância dos séculos passados, como nós, Maçons, com alguma responsabilidade no campo da cultura, devemos inquirir e contradizer as pregações, nas Lojas, desses arautos de um mundo imaginário com seus mitos válidos há cinco mil anos, porém hoje são histórias da "carochinha", para os imaturos adultos humanizados.

∴

A Essência...

Irm∴ Hercule Spoladore
Or∴ de Londrina – PR

O Maçom tem que caminhar uma longa trajetória, para se considerar e ser na realidade um verdadeiro Iniciado.

Ele, para entrar na Ordem passará por duas portas. Uma, a porta física do Templo onde o espera um estranho e intrigante Ritual, mas ao mesmo tempo belo, um verdadeiro teatro simbólico e sublime.

É o dia do seu recebimento formal na Ordem, que quando bem desempenhado pelos Iniciadores[1], a Cerimônia o marcará, de forma indelével na mente.

A segunda porta é simbólica. Do ponto de vista mental, é um acesso através de uma pequena fresta, isto é, uma pequena abertura que está fechada para o Inconsciente.

---

[1] Bom desempenho significa que o Venerável, e todos os Irmãos que forem ler algum trecho do Ritual, o façam com clareza, com boa dicção, palavras bem pronunciadas, para que todos ouçam, sem tartamudear (gaguejar), e que os procedimentos tenham sido devidamente muito bem treinados. Não se deve dar trotes nos Candidatos, aliás, costume grosseiro, medieval, desumano que ainda persiste, e que bloqueará ainda mais a mente do Neófito.

Uma vez a venda cobrindo a visão, isto fará com que o Iniciando desperte e aguce os outros órgãos dos sentidos, e ele então enxergará com os olhos da mente e se colocará especialmente numa situação de pura introspecção que nada mais é que uma verdadeira jornada interior e que para grande maioria dos Iniciandos é o reencontro, ou mesmo o primeiro encontro súbito, inesperado e surpreendente com o seu duplo Eu, há muito tempo adormecido, talvez nunca procurado, ou quem sabe ele nem soubesse da existência de um duplo estado de sua consciência. O profano terá que, justamente auxiliado por uma técnica iniciática perfeita e bem desempenhada, usando-se uma ritualística bastante eficiente fluente e fácil, franquear esta barreira, e passar por ela, mas para isso ele terá que se sentir humilde, pequeno, diminuto, ínfimo. A Iniciação neste primeiro dia de contato com a Maçonaria se consubstancia neste detalhe. Será apenas a conscientização de que existe este outro estado do Ser, um outro estado da mente.

É necessário frisar que não haverá com esta conscientização a descoberta instantânea de todo o conhecimento humano, ou maçônico, dos mistérios ou segredos, mas tão-somente a auto-revelação de sua consciência dupla, tomando-se conhecimento que existe em cada um de nós um outro EU.

Este aspecto é apenas o começo. Esta revelação não é tudo. A verdadeira Iniciação se processará durante toda a vida através do estudo, da pesquisa, da meditação, da dedução, do conhecimento adquirido corretamente, e do auto-aperfeiçoamento. Ela será praticamente inatingível em sua totalidade, porque o Homem jamais atingirá a perfeição. Ele tenderá a chegar perto, e quanto mais perto chegar, mais poderá ser considerado um Iniciado.

Se considerarmos que o Maçom tem duas entradas na Ordem, para o seu aprimoramento pessoal ou apenas sua passagem física ele também terá duas saídas, mas que terá que ser objetivo, saber o que está buscando e escolher a opção correta.

O grande mérito seu, de sua mente, será pessoal, intransferível, ninguém conseguirá lhe ensinar, ele aprenderá sozinho por qual das duas saídas ele optará.

Grande parte dos Maçons não percebe ou não quer perceber que está tendo a grande opção enquanto está passando pelos Graus simbólicos, aliás, Graus estes que constituem a verdadeira

Maçonaria. Infelizmente, estes Maçons são a grande maioria, e acham que a Ordem é festa, banquetes, auxílio mútuo, Graus, política de Lojas, fachada para outras atividades, belos Aventais, distintivos na lapela, e outras tantas dicotomias que são, na verdade, verdadeiros subprodutos que a Ordem coloca à disposição de todos. Alguns até acabam descobrindo através dos anos, que tudo isso não está coerente, não está certo. Mas acham que é tarde demais para mudar. Não têm coragem. Continuarão inertes e coniventes, pois já estão um tanto quanto idosos, e esperam que os Maçons mais jovens mudem tal situação. Puro engano. Um verdadeiro Maçom jamais poderá se considerar idoso, mas sim experiente, humilde e sábio, e ele terá a obrigação de ter a ousadia e firmeza de mudar o que pode e deve ser mudado. Esta é, em síntese, a primeira saída que normalmente a maioria dos Maçons escolhe ou prefere.

Mas existem aqueles que descobrem durante a sua vivência maçônica que há algo mais profundo, mais abrangente por trás das mensagens dos Rituais, ou das migalhas maçônicas que as Lojas oferecem em matéria de ensinamentos, que toda aquela ganância em torno do poder maçônico[2], da bulimia maçônica também conhecida por fome exagerada de Graus, sem conhecer a fundo o Grau em que se está colado; da filantropia amadora e ingênua malfeita, da fraternidade hipócrita que alguns são hábeis em aplicá-la enganando outros inocentes e bons Irmãos, da falta de instruções, além de outras inúmeras razões, enfim, decidem mudar, porque descobriram a ESSÊNCIA da natureza da Entidade para a qual foram chamados a integrá-la e ao entenderem a sua profundidade, mudam completamente seu comportamento mental.

Passam a entendê-la como uma Escola de Vida, descobrem que sua principal função é político-social, e que eles serão conseqüentemente os construtores da futura sociedade mundial, que terão que amadurecer como cidadãos, que terão que ser embriões

[2] O poder verdadeiro e respeitado dos dirigentes advém tão-somente do carisma, bondade, sabedoria, polidez, educação, já que nenhum Maçom é obrigado a obedecer dirigentes déspotas e impositivos, que não conheçam os princípios básicos da democracia e que o "poder" lhes tenha "subido à cabeça". Um Grão-Mestre ou um Venerável não governará seu povo por decretos, leis, por imposição, a grito ou através de tramas e perseguições, só governará pela bondade de seu coração...

catalisadores dos movimentos de vanguarda, atuando como aglutinadores de idéias, de sonhos que se tornarão realidades, não responsabilizando nem Lojas e nem Irmãos com relação a este compromisso que será só deles, pois eles serão o fermento que provocará os fenômenos sociais e que, tão-somente a introspecção, a meditação, a análise exata, o raciocínio transparente e o estudo eficiente da Filosofia, da História, do Simbolismo do Ritualismo correto e das coisas pertinentes à Ordem lhes darão o poder do conhecimento, o qual poderá ser repassado ou dividido com os demais adeptos, mas ninguém lhes tirará esta riqueza intelectual e conseqüentemente neste caminho deslumbrarão toda a espiritualidade que este estado mental encerra. Descobriram simplesmente a ESSÊNCIA porque acabaram de despertar para um mundo novo...

Quando chegarem neste estágio, o autoconhecimento e a espiritualidade adquiridos farão com que estes Irmãos mesmo que não se apercebam, e se perceberem não deixarão que os outros notem, já estarão alguns passos à frente deles. Considera-se que eles penetrando nas profundezas do Subconsciente ou Inconsciente, alcançarão a Consciência Cósmica e, indo além, chegarão à Superconsciência que é nada mais que o próprio G.·. A.·. D.·. U.·. mais justo, bom, racional e espiritual de um Livre Pensador. Uma verdadeira transformação ocorrerá na mente quando se perceberá uma sensação que não é de insatisfação com esta humanidade imperfeita, ela é muito mais um sentimento de calma, que mais parecerá uma percepção de humildade, de bondade e compreensão, que será mais a entrega de si, a uma força maior que, embora desconhecida objetivamente, sentem-na presente. E assim conhecerão a expansão do campo da consciência, e verão que as coisas se tornam mais belas, a vida tem mais sentido, quase não ficam aborrecidos ou irritados, porque este estado especial desviará sua agressividade instintiva para algo mais construtivo. Este autoconhecimento é considerado como uma verdadeira limpeza ou purificação da mente, porque ele mostra, estabelece e orienta a força capaz de criar, reprogramar e incentivar a condução da própria vida. Neste momento o Maçom estará preparado para ser um verdadeiro líder e também estará no caminho seguro em direção à sua verdadeira Iniciação Real.

Para se chegar a este estado mental, percorrer-se-á um caminho tortuoso, difícil, gratificante, mas totalmente individual, pois somente o adepto sem auxílio de quem quer que seja, o alcançará. Este é o autêntico segredo maçônico. Os Sinais, Palavras, Toques, Rituais, etc., não são em realidade os verdadeiros segredos. O Irmão que chegar a este desiderato, não terá condições, nem que queira, de transmiti-lo, descrevê-lo ou conceituá-lo. Não conseguirá. Será impossível. É inexprimível. É um estado da alma que não estará ao alcance de ninguém, a não ser tão-somente de sua psique. Será só seu. É o mesmo mecanismo que se observa nas transformações mentais dos gurus, dos santos, dos chamãs, dos jejuadores, de alguns paranormais e dos Grandes Iniciados. Estará em estado de expansão da mente, em ondas cerebrais "alfa" ou "beta". Acresça-se que não é só a Maçonaria que realiza Iniciações. As grandes escolas iniciáticas da Antigüidade, das quais somos herdeiros, e mesmo outras entidades iniciáticas do presente, basicamente sempre utilizaram técnicas muito semelhantes.

Temos que ressaltar que nosso Inconsciente sempre busca satisfazer nossos desejos instintivos, mas eles são bloqueados por outra parte da mente chamada de Superego. Nossa civilização incide neste fato, onde os conflitos deste bloqueio geram a infelicidade do homem. O Iniciado deverá romper esta barreira. É uma bela e fantástica aventura, esta ruptura. Este é o ideal superior que ele se proporá a realizar. A sua mente deverá se abrir. Eis a sua tarefa. A trajetória percorrida para se chegar a este ideal superior é muito linda e rica em sabedoria, por causa das observações, incidentes de percurso e das experiências vividas para se chegar lá. Quantas lindas verdades ocultas serão descobertas a caminho. O percurso será tão importante quanto o ideal a ser atingido. É uma linda e longa viagem para dentro de SI MESMO.

ESPECULAÇÕES A RESPEITO DO FUTURO DA MAÇONARIA
(Uma visão futurista de como poderão ocorrer as Iniciações)

Se nós nos projetarmos para daqui a cem anos, através da especulação da imaginação, utilizando os conhecimentos que temos no presente com relação à evolução da ciência do avanço do pensamento humano, quando houveram profundas alterações de valores éticos e morais, dos costumes, reavaliações de princípios, enfim de todo o maravilhoso progresso alcançado nos últimos dois séculos, muitas perguntas nos vêm à mente.

Haverá igrejas? Sobreviverão tantas denominações religiosas quanto as temos no presente? Haverá a necessidade de Templos? Qual será a moderna concepção do G∴ A∴ D∴ U∴? A Maçonaria sobreviverá se não mudar e se não se adaptar? As mulheres farão parte da Maçonaria Tradicional? Quando? Haverá guerras? Haverá doenças? E a mente humana, como se comportará? Haverá mais Amor, mais Perdão, mais Tolerância nos corações do Homens?

Se a civilização nos últimos cem anos, à mercê do avanço tecnológico incrível e fantástico, das invenções que mudaram a história da humanidade, e através de uma maior liberdade de expressão e do pensamento, teve um progresso chegando a atual posição, houve pelo menos uma pálida coerência, entre a ciência e a humanidade com a civilização ainda aceitando os princípios cartesianos que valoriza o racionalismo e o dualismo metafísico. Não estuda um fenômeno como um todo, estuda-o simplesmente em si, em separado.

Entretanto, com o advento da Informática, Internet, Realidade Virtual e outras tantas invenções maravilhosas que estão aparecendo a cada dia, o futuro parece que escapou de vez das previsões dos homens, porque pelo cartesianismo eles não conseguem mais explicar os fatos.

Se analisarmos a revolução que o mundo digital em rede mundial está provocando, não se tem condições de explicar o que acontecerá daqui a dez anos, o que dirá daqui a cem anos? Já existe um grupo de cientistas que fazem parte de um movimento chamado Terceira Cultura (The Third Culture) que se dedica a refletir sobre a sociedade do futuro. Deveria ter um grupo de Maçons fazendo a mesma coisa com relação à Ordem. Como será o nosso porvir?

Parece que atualmente depois da moderna concepção da Teoria da Relatividade e da Física Quântica, a qual já está tendo seus princípios, por analogia, aplicados a outros segmentos da humanidade e não tão-somente à Física subatômica ou corpuscular, nos traz no momento maior confusão. Estes princípios são aplicados a fenômenos não visíveis, e onde se coloca tudo como sendo um todo, como uma rede onde o Homem faz parte desta malha. Uma das características dos princípios da mecânica quântica é que temos primeiro que esperar acontecer o fenômeno para depois explicá-lo. É muito importante a maneira como o observador vê e sente o fenômeno. Parece que a realidade virtual se enquadra nesta semelhança.

Como será a parceria de um Maçom com a Informática, já que ele, acostumado a aceitar ensinamentos que há mais de um século não sofreram uma atualização adequada, e agora sem que ele queira ou não, terá à sua disposição um volume inimaginável de informações que receberá, e o que fazer com elas? Esta situação nunca foi cogitada ou imaginada no passado. E ainda considerando-se que a maioria dos Maçons do momento atual não está muito interessada na Informática?

Como serão as Iniciações neste futuro que já está entre nós?

Sabemos que já existem recintos cibernéticos onde o indivíduo é introduzido, podendo mover-se livremente sem capacete ou mesmo luvas, usando apenas óculos polarizados num ângulo de 360 graus com vários projetores colocados em vários locais. Ele terá uma experiência tridimensional totalmente virtual frente ao programa que está sendo conectado. No caso, digamos que seria uma programação de uma Iniciação. Os Maçons atuais já pensaram nisso? Ressalte-se que a cada dia surgem mais novidades no mundo digital e que ainda descobertas mais incríveis e espantosas estão por vir.

Imaginem a integração com os elementos da natureza, com os mundos e com o infinito. O Neófito viverá uma experiência tão grande que se identificará com tudo isso. A sua aproximação com Deus, ou uma Força Criadora será muito maior.

Teremos Templos ou Centros Cibernéticos de Iniciações? A aproximação com o Uno não será muito maior e mais rápida? Será que o tempo para se chegar mais perto da Iniciação real ou virtual (?) será mais breve? Será que a Iniciação virtual não se tornará muito mais real que a Iniciação que hoje temos como tal? A Iniciação virtual não será quase que instantânea? Ficam estas indagações na mente de cada um.

Dizem os enologistas que o vinho fabricado ritualisticamente pelos europeus, há milênios, com segredos de fabricação passados de pais para filhos, sendo conservado em tonéis especiais de madeira durante anos para ficar no ponto exato de ser ingerido, sofreu por parte das vinícolas americanas um avanço tecnológico extraordinário. Os americanos fabricam atualmente tonéis de alumínio adaptados pela tecnologia moderna, que conseguem envelhecer a bebida em poucas horas. Ressalte-se que a qualidade dos vinhos americanos é boa e aceitável. Imaginem um velho europeu fabricante de vinhos aceitando tal fato? Ele jamais aceitará. É cultural para ele aquela forma de fabricar vinhos. No entanto, o moderno processo de rápido envelhecimento existe, e é uma realidade que não se pode contestar.

Usamos esta analogia para tentar explicar como os Maçons que insistem em não tomar conhecimento da Informática, ficarão para trás. Ela veio para ficar. Trouxe um avanço inesperado de vários séculos à frente, para a nossa atual civilização. Estamos perdidos no momento, pois ela está fora do nosso controle, pois não sabemos o que irá acontecer. Teremos que "pagar para ver".

Já existem Lojas virtuais. A Inglaterra foi o primeiro país a fundar uma Loja virtual, a "Internet Lodge nº 9659", em 29.1.1998. Lembrem-se, também foi na Inglaterra em 1884 que foi fundada a primeira Loja de Pesquisas, a "Quatuor Coronati Lodge" tão combatida no seu tempo, por causa da ousadia daqueles cientistas maçônicos em desfazer mitos, aberrações, invenções, erros, crendices, etc. Os ingleses estarão errados?

Por outro lado, será que os Maçons internautas estão usando corretamente a Ética e a Moral que supostamente acreditamos tenham aprendido em suas Lojas-Mães?

Será que as Lojas virtuais serão totalmente virtuais, ou terão que ter um suporte não virtual? Serão híbridas?

Sonhando, imaginemos uma Iniciação daqui a cem anos, raciocinando dentro da nossa concepção atual, que ainda existirá Maçonaria como a imaginamos no momento. Acreditamos em princípio que a Ordem sobreviverá. Por quê? Porque ela sempre foi um corredor iluminado de toda a essência filosófica de todos os tempos. Ela sempre soube selecionar o que houve de melhor de toda sabedoria da humanidade, enfim, sempre teve uma ala progressista muito grande, que fez com que ela continuasse a existir não contando com os retrógrados que se dizem tradicionalistas e que não sabem muito bem o que é Tradição, porque justamente não entenderam a ESSÊNCIA da Ordem.

Bem, joguemos nossa mente no futuro. Ninguém nos poderá impedir de sonhar, de especular, pois ainda não aconteceram os fatos, e suponhamos que quinhentos candidatos que responderam a um anúncio na Internet resolvam ser Maçons. Por que resolveram ser Maçons? Ora, ainda deverá haver resquícios de religiões e, por certo, muitos homens Livres-Pensadores do futuro queiram pertencer a uma sociedade onde não haja o sentimento religioso como meio de desenvolvimento espiritual, mas sim a razão e o estudo para se chegar ao mesmo fim, ou seja, ao G.·. A.·. D.·. U.·.. Acreditamos que não haverá mais necessidade de sindicância, pois ao responder ao anúncio a Loja(?) ou Centro Cibernético Maçônico terá imediatamente o perfil do Candidato cadastrado. Todo cidadão será um número. A aceitação ou não, será imediata.

Como imaginaríamos então esta Iniciação? É claro que não será nos mesmos moldes hoje considerados tradicionais. Ela possivelmente demorará apenas alguns minutos. Vamos imaginar que os Candidatos se dirijam para tal Centro em horário previamente marcado para serem Iniciados. Talvez nesta época, nem existirá mais a palavra Iniciação. O termo poderá ser "O despertar maçônico da mente"(?), ou "Conhecimento Maçônico Milenar"(?) ou outro termo adequado para aquele tempo.

O Candidato receberá um medicamento, uma pílula, uma psicodroga, a qual não causará qualquer tipo de efeito secundário, cuja ação medicamentosa terminará assim que o Candidato vivencie o programa instalado. Este medicamento ajudará a causar uma expansão da mente, mais precisamente através das ondas "alfa", seguidas das ondas "beta". Dentro do recinto, onde tudo será virtual, a fantástica experiência impregnará de tal forma a mente do Iniciando que ele viverá uma integração total com a natureza e com o próprio G.·. A.·. D.·. U.·.. Ele sentirá como se a natureza fosse ele próprio. Lá ele será fogo, será ar, será água, será terra, será plasma, o quinto estado da matéria. E nessa aventura, nas profundezas da mente ele se sentirá uma partícula consciente do G.·. A.·. D.·. U.·.. Andará por todo o Universo, caminhará por entre e as estrelas, visitará galáxias distantes, entrará no interior do átomo, se sentirá no âmago de uma folha verde, será uma formiga, uma bactéria, aprenderá com os Sábios e encontrará o Conhecimento. Tudo isso acontecerá dentro de poucos minutos. Ele será o dono, será o senhor da ESSÊNCIA da própria vida e da própria alma, criação inequívoca do G.·. A.·. D.·. U.·.. Será o Maçom triunfante do futuro. Pena que eu não esteja lá. Nasci antes desse tempo, entretanto, sinto-me lá. Resta-me, pois, apenas o tímido consolo, ainda que ousado, de sonhá-lo.

.·.

Maçons do Século XXI

Irm∴ E. Figueiredo
Or∴ de São Paulo – SP

O ser humano não pode deixar de cometer erros; são com os erros, que os homens de bom senso aprendem a sabedoria para o futuro.
Plutarco

O **Século XX** caracterizou-se pelo progresso de maior rapidez de todos os tempos. A tecnologia, termo que se convencionou como o aprimoramento em todas as áreas científicas, avançou de forma surpreendente, principalmente vista pela ótica do Homem do Século XIX, quando ninguém, nas análises e previsões, poderia profetizar como estaria a Humanidade no fim desse período. Estamos falando da melhoria de vida e do bem-estar do Homem, mas também podemos citar as hediondas guerras, principalmente as Primeira e Segunda Mundiais, que não constaram

dos prognósticos de qualquer vidente que, porventura, houve na época.

Todo o progresso do Século XX, merecidamente enaltecido, nos faz acreditar, no presente, em previsões por mais utópicas que possam parecer. Hoje o Homem não é tão cético como no passado às previsões que se fazem, mormente se a tecnologia está envolvida. Como exemplos, podemos citar o computador provido de inteligência própria, com ações sem interferência humana, e as instalações de colônias na Lua e Marte. Isso tudo, evidentemente, é o resultado de acúmulo de conhecimentos que vêm desde os primórdios da História da cultura humana. O alicerce do futuro está nos conhecimentos desenvolvidos no passado.

Os grandes acontecimentos da História têm sido conduzidos pela Maçonaria, que sempre procurou preservar a sabedoria milenar em período de obscurantismo, para fazer triunfar, em todos os momentos, as melhores forças, ou as menos ruins, para que o progresso da Humanidade não sofra solução de continuidade. O mundo, inclusive o Brasil, teve na Sublime Ordem o fator influenciador em muitos descobrimentos e mudanças históricas, até em suas contradições. Porém, em nenhum instante deixou de preservar sua unidade e sua grandeza. Nós, Maçons, orgulhamo-nos sobremaneira pelo fato da grande parcela, dos responsáveis pela evolução da Humanidade, ter sido homens da nossa Ordem. Muitos deles foram sacrificados por inquisidores, que se julgavam donos da verdade. Inúmeros foram os Maçons que tiveram de trabalhar, clandestinamente, em cavernas, fugindo dos seus algozes, desenvolvendo suas teses e suas pesquisas, que viriam servir os próprios perseguidores. Esses heróicos Maçons eram tratados como criminosos, inimigos do povo, e há registros de vários que pagaram com a própria vida pela ousadia de tentar *promover o bem-estar e tornar feliz a Humanidade,* ajudando a construir a comunidade em que vivemos. Maçons que sempre procuram a verdade. Não a verdade definitiva, mas a verdade da busca incessante, desesperada, da realidade humana.

A lista desses Maçons notáveis é infindável, mas poderíamos citar alguns como Franklin, Washington, Voltaire, Goethe, La Fayette, Kipling, Lessing, Montesquieu, Pedro I, Mozart, Caxias, para que se avalie a qualidade de homens que a Maçonaria procura ter sob sua égide. São heróis, não somente perante à Sublime Ordem, de quem se tornaram patrimônio, mas para todo Mundo e para a eternidade, que engrandece, muito, o nome da Maçonaria. Personagens ilustres dos quais tanto nos honram e em quem procuramos nos espelhar e apontar como exemplos. Durante longos anos a Maçonaria foi sendo feita por milhares de Maçons, que foram herdando um passado que outros construíram, viveram, por ela labutaram e legaram para que seus sucessores dessem continuidade à obra. A Maçonaria é, por si, um processo evolutivo da nossa Humanidade, e essa temática deveria ser ponto de referência para análise dos caminhos da Ordem no curso do Século XXI, antevendo, inclusive, suas próprias mudanças. Obviamente, criar o futuro – e conseqüentemente saber prevê-lo – depende não só de competência, mas de imaginação e oportunidade. Por isso, quando elas se apresentam, não podem ser desperdiçadas.

Acompanhar a virada do Século já é, por si, um acontecimento que entusiasma. Viver num novo milênio, evidentemente, causa inquietude nas pessoas, e é inevitável que surjam mudanças e que estas se acelerem. Os Maçons, que estão sendo Iniciados hoje, deveriam ser treinados para que possam cumprir e exercer a função, adequadamente, com espírito avançado que o mundo vai exigir. Fazê-los buscar com a história de sua recepção e interpretação a herança recebida dos Séculos anteriores, detendo-se, particularmente, naqueles Maçons que honraram e enalteceram a Sublime Ordem. Uma interpretação histórica enraizada no contexto contemporâneo é indispensável àqueles que desejam saber e responder às questões sobre o passado e poderem se municiar para a empreitada futura. Levar em conta somente a história do próprio tempo sem entender o passado e aquilo que veio dele, é simplesmente inadmissível. A interrogação do presente permite encontrar indícios do passado para aplicação no futuro, porque a história é o passado para sempre imóvel, que apesar de interpretável, não há como mudá-lo.

Não obstante, apesar de já estarmos no Século XXI, no Terceiro Milênio, o interior das nossas Lojas vive, ainda, o Século XVIII. A Ordem não seguiu o desenvolvimento que o Mundo assistiu, principalmente no Século XX. Não acompanhou o progresso. Não teve uma evolução à altura. Poder-se-ia até dizer que a Maçonaria está parada no tempo e perdendo espaço. Não está reforçando o alicerce para o futuro. São raros os Maçons cuja mentalidade cursa, paralelamente, o desenvolvimento que caminhamos hoje, que não sejam meros espectadores em estado de passividade, e que estejam preparados para viverem neste novo Século.

É difícil aceitar a fé no progresso da Maçonaria se considerarmos os anos recentes como herança, que impedem o nosso otimismo. Os movimentos maçônicos, no Século XX, foram esparsos e tolhidos de relevância maior. Embora descontínuos, poderiam apontar para um certo acúmulo, principalmente no plano de valores modernos, decisivos para o nosso futuro, mas ainda é muito pouco. Para tanto, há de se imbuir de esforços adicionais e não ficar, apenas, nas atividades rotineiras e letárgicas. A Maçonaria ideal é aquela formada por indivíduos que duvidam, pensam e agem, sem medo pelo que pensam, porque confiam em si próprios, e sabem que têm chances reais de mudar ou criar algo que beneficiará a Humanidade. Se aceitar que os valores fundamentais do humanismo estão fadados a submergir sob a barbárie que subjaz às ideologias contemporâneas, então para que continuar a luta? O papel do Maçom é estar em luta permanente!

O que, realmente, o Terceiro Milênio impõe à Maçonaria é um desafio maior que a simples luta pela sobrevivência. Passamos o Século XX enaltecendo os ilustres Maçons do passado e, sem dúvida, todos sabem que o passado é uma grande lição. Quando fazemos a travessia de um Século para outro, é preciso levar a preciosa bagagem dos Séculos passados. Entretanto, o que dir-se-á, no Século XXI, sobre os Maçons do Século XX? Quais foram os fatos evidentes creditados à Maçonaria? Quais foram as descobertas, invenções, conquistas ou acontecimentos históricos atribuídos aos Maçons? Qual o legado da Sublime Ordem? O que os Maçons do Século XXI irão estudar sobre os Maçons do Século XX? Como será o novo Maçom? A nova Maçonaria? As Potências? O que estará reservado para os nossos sucessores? Como orientá-los para esse novo mundo, maravilhoso e imprevisível? Qual a real herança que a Maçonaria do Século XX deixou para a Maçonaria deste novo Século? Qual a nossa parcela na grande lição?!...

Essas e outras questões requerem estudo, reflexão e (por que não dizer?) um grito de alerta para despertar da ociosidade na qual nos encontramos. Estamos no início do Século XXI e temos muito tempo para alcançarmos nossos objetivos, com grandes chances para deixar, como herança, algo que nos possa enaltecer e orgulhar os pósteros do próximo Século!...

BIBLIOGRAFIA

1. FIGUEIREDO, E. Maçons Rumo ao Século XXI.
2. HOBSBAWN, Eric. Ecos da Marselhesa (Dois Séculos Revêem a Revolução Francesa).
3. SCANTIMBURGO, João de. O Brasil e a Revolução Francesa.

∴

Collegia Fabrorum

Irm∴ Ambrósio Peters
Loja "Os Templários Nº 2819"
Or∴ de Curitiba – PR

Todas as associações humanas surgem porque o homem é um ser sociável, isto é, que ele forma naturalmente associações que possam satisfazer seus anseios, sem necessidade de modelos de associações anteriores. Em razão disso a Maçonaria Moderna não nasceu porque existiram as guildas, nem as guildas nasceram porque existiram os *collegia fabrorum*. Por mais que consigamos ampliar esta série sempre chegaremos a uma primeira associação que não teve modelos a seguir.

Cada associação se distingue de todas as outras pelos fatores sociais que as geraram e pelos laços que unem seus membros. O laço entre os Maçons modernos é fraternidade universal, o laço primeiro entre os homens das guildas foi a defesa de interesses profissionais, o laço entre os associados dos *collegia fabrorum*[1] foi adoração

[1] Collegia fabrorum – associação de operários ou artesãos; associação de construtores seria em latim collegia structorum ou collegia constructorum.

de uma divindade comum, o anseio por um enterro cerimonioso e a preservação do nome após a morte.

Como temos visto com certa freqüência os *collegia fabrorum* teriam sido o modelo e a origem das guildas medievais e assim indiretamente das Lojas Maçônicas, buscamos informações a respeito de sua essência e de sua origem. Encontramos duas amplas pesquisas[2], a primeira de um professor de história de uma universidade paulista, e outra ainda mais completa de um professor de uma universidade de Londres, e delas concluímos que os *collegia fabrorum* nunca passaram de clubes sociais e sociedades funerárias sem nenhuma conexão com corporações de ofício.

A segunda, a mais completa, informa que na estrutura sócio-econômica do Império Romano houve em momento algum lugar para corporações de ofício do tipo das guildas medievais, pois todas as atividades produtivas sempre estiveram sob o controle direto do Estado. Todas as profissões eram hereditárias e qualquer cidadão romano, por mais longínquo que a província estivesse, somente tinha o domínio ou a posse de qualquer bem ou patrimônio enquanto o Estado o permitisse.

Por exemplo, uma das profissões mais importantes em Roma era a dos padeiros (*pistores*) pois a distribuição diária do pão era rigidamente controlada pelo Estado. Filho de padeiro seria padeiro para o resto de sua vida, e assim os seus filhos, seus netos, etc. Em algumas profissões, como a dos marinheiros, o associado podia deixar seu *collegium* desde que encontrasse alguém para o seu lugar.

Esta estrutura social dava a Roma o poder de controlar todos os seus súditos e controlar todo o sistema de abastecimento em todo o território imperial. No período republicano a formação dos *collegia* era incentivada, mas com o império todos os envolvidos com alguma atividade produtiva ou social eram obrigados a pertencer a um collegium.

As grandes obras de construção, como estradas, pontes e edifícios públicos eram executadas por soldados, escravos e libertos e não por *collegia* de construtores que acompanhassem os exércitos,

---

[2] Referências bibliográficas — A) Eutípides S. de Paula, *As Origens das Corporações de Ofício*, USP, 1966, 68 págs.; B) Fred Utley, Trade Guilds of the latter Roman Empire, Thesis by the London School of Economics, 1925, 126 págs.

mesmo porque ninguém podia deixar seu grupo familiar hereditário profissional e se deslocar para outras cidades a não ser que fosse convocado pelo governo central. A livre iniciativa não existia, e era apenas permitida em casos extremos de desabastecimento nacional.

A idéia de que os soldados romanos destruíam as cidades conquistadas não é verdadeira, porque Roma preservava as cidades e suas fortificações intactas para nelas poder instalar suas administrações provinciais e suas forças militares. Houve apenas duas exceções, Cartago e Jerusalém. Cartago foi destruída porque os cartagineses pretendiam destruir Roma e a questão era quem destruiria o outro primeiro. Roma ganhou a disputa. Jerusalém foi destruída porque os judeus nunca se submeteram a Roma e a única forma de destruir a sua resistência foi arrasar Jerusalém e o seu templo.

De outra parte as fortalezas romanas em territórios bárbaros, como na Inglaterra e na Germânia por exemplo, eram erguidas com toras pelos próprios soldados auxiliados pelos cidadãos vencidos feitos escravos como era hábito romano.

Afirmam historiadores que os collegia romanos desapareceram completamente com a queda da parte ocidental do Império Romano quando as cidades européias caíram uma a uma ante os bárbaros invasores vindos de todos os lados. Possivelmente teriam restado apenas fracos e raros indícios de sua antiga presença na Itália e no Oriente. Ao norte dos Alpes porém nada sobrou de sua estrutura, pois toda a Europa Ocidental foi reduzida à barbárie.

As primeiras manifestações de corporações de trabalho medievais começaram a aparecer lentamente durante o século VIII, tanto no reinado de Carlos Magno como na Inglaterra, sendo as notícias mais claras neste país. Mas sua estrutura nenhuma semelhança tinha com a dos *collegia* dos romanos.

Dos dois trabalhos de pesquisa que mencionamos, a primeira, do professor paulista, mostra ao seu final conclusões cujas premissas não estão entre os dados coletados inclusos no texto. Por exemplo, ele conclui que as catacumbas romanas foram o refúgio dos cristãos perseguidos pelos imperadores romanos e que os primeiros cristãos viviam subterraneamente como sociedade secreta.

Mas a verdade não é esta, segundo informações do próprio Vaticano. Os primeiros cristãos, opondo-se ao costume romano da cremação dos cadáveres, e para evitá-lo usavam as catacumbas como cemitérios para os seus mortos, nelas realizando também outras cerimônias religiosas cristãs. Não há vestígios de que lá tenham vivido. As catacumbas eram conhecidas dos romanos pois eram romanos, os *fossores*, que as cavavam.

Também os seus trabalhos de pesquisa não contêm informações que possam ligar os *collegia* às guildas medievais, não obstante apresenta isto como conclusão do seu trabalho. O problema a nosso ver está na circunstância de não ter levado em consideração a barbarização da Europa além do Alpes nos séculos V ao VII.

Já a segunda pesquisa, do professor londrino, é mais ampla e situa os *collegia* como um elemento do complexo sistema econômico-administrativo romano e os analisa dentro dos complexos momentos políticos do vasto Império Romano, o que não foi feito pelo pesquisador brasileiro.

Sua conclusão é bastante clara e consciente e ele inicia exposição de sua conclusão com este parágrafo:

> *Tornou-se claro nas páginas precedentes que no decurso do século 4º D.C. todos os membros dos collegia e das corporações, desde os mais ricos proprietários de navios até o mais pobre dos artesãos, estavam hereditariamente confinados a sua atividade profissional. Não obstante esse severo confinamento pelo qual o homem e suas posses ficavam atados a sua corporação ou collegium, de um modo geral era impossível a qualquer cidadão escolher seu próprio negócio ou profissão, determinando o Estado que todos deviam ser o que seu pai fora, e que suas possessões somente seriam suas enquanto as usasse para a finalidade específica decretada pelo governo.*

Não há evidentemente condições de, em um Estado assim organizado, sequer se pensar em alguma corporação de ofício como possível modelo de uma guilda de ofício medieval.

∴

O Maçom, um Renascido

Irm∴ Antônio do Carmo Ferreira
Or∴ de Recife – PE

A certeza da presença divina no homem é a vida. Foi o sopro de Deus na matéria que a tornou animada, conforme revela uma das passagens do livro do Gênesis[1]. Sabe-se que esta dádiva do Supremo Arquiteto dos Mundos e Criador de tudo quanto neles se encontra, não é só uma lembrança ou um aceno apenas, mas sim a própria presença de Deus na pessoa humana, pois o halo do Altíssimo também é parte do Altíssimo.

Quem leu a I Carta de Paulo à igreja de Corinto, deve ter se deparado com o alerta do apóstolo, exigindo respeito para com a pessoa humana e condenando os que tentassem contra ela, tendo em vista sua condição de templo de Deus[2], confirmando-se desta maneira o entendimento anterior.

Este caráter deificante mais se acentua e se evidencia na posse

---

1 Deus formou, pois, o homem do barro da terra, e inspirou nas narinas um sopro de vida (Gên. 2,7).

2 Não sabes que sois o templo de Deus, e que o Espírito Santo habita em vós? Se alguém destruir o Templo de Deus, Deus o destruirá. Porque o templo de Deus é sagrado – e isto sois vós (I Cor 3, 16-17 e 6-19).

do livre arbítrio, a faculdade de que o homem foi provido e por intermédio da qual tem capacidade de discernir entre o bem e o mal, e a partir daí poder decidir o próprio destino. A imagem de Deus e sua semelhança[3], como diz o registro das sagradas escrituras, ressaltam desta faculdade.

Não é que o Grande Arquiteto do Universo tenha a forma de homem ou de mulher, mas este traço profundo, esta faculdade sobre a qual poucos se detêm, é que faz da pessoa humana também divina. Tanto isto é verdade que o autor do Eclesiastes escreve a respeito da necessidade de estarmos sempre lembrados de Deus, sobretudo na mocidade[4] (mocidade, aqui, no sentido de estado que antecede a ação), porque virá um tempo em que o corpo se converterá em terra[5], mas o espírito voltará a Deus[6]. Agostinho, séculos depois, reitera esse entendimento, ao escrever que "a vida é uma peregrinação de retorno à Casa do Pai".

E o grande problema para o homem reside, exatamente, na posse desta faculdade, quando tem que distinguir entre o Bem e o Mal. Talvez porque o exercício do Mal seja mais fácil, até com resultados imediatos mais convidativos, embora, conforme a experiência tem mostrado sempre, a conseqüência é amarga e atormentadora. Daí a necessidade de o homem prover-se de recursos auxiliares, para que, com o amparo dos mesmos, possa discernir, entre um caminho e outro, sem tantas dificuldades.

A civilização está permeada desses recursos, ensejados pela religião, pela filosofia, pela ciência, pelas artes, etc., aos quais o homem pode recorrer e o faz, elegendo o que lhe parecer mais consentâneo com a sua índole e de melhor adequação à sua cultura e a seu desejo de perfeição[7]. O ato de viver pode ser leve ou pesado,

---

[3] Façamos o homem à nossa imagem e semelhança (Gên. I, 26).

[4] Mas lembra-te de leu Criador nos dias de tua juventude... (Eclesiastes 12, 1).

[5] Comerás o teu pão com o suor de teu rosto, até que voltes à terra de que foste tirado; porque és pó, e em pó te hás de tornar (Gên. 3, 19).

[6] ... antes que o sopro de vida retorne a Deus que o deu (Eclesiastes 12,7).

[7] O homem é livre, e, Deus, que o criou, respeita e garante esta liberdade. Se então o homem pecou, isto ocorreu voluntária e livremente. Não se pode recriminar Deus por ter dado ao homem o bem perigoso de sua liberdade. É prerrogativa maravilhosa a de ser capaz de determinar-se, por sua própria escolha, conformar-se, por um ato de vontade livre, à ordem divina, colaborando assim, de alguma forma, com a atividade criadora de Deus (Jolivet, Curso de Filosofia, página 331).

dependendo da forma como o vivente utiliza o livre arbítrio[8], o qual, relembro, o faz divino.

Reparando bem na história da civilização, constata-se sem maior esforço intelectual, o quanto a Maçonaria tem sido útil ao homem, como um dos meios auxiliares mais eficazes, dos quais ele tem se valido na tomada de decisão em favor do Bem, resultando-lhe num tesouro de bem-estar próprio que se irradia até o próximo, como recomenda a lei de Deus, tanto na disposição mosaica, quanto na versão cristã.

A Maçonaria é esta escola. Objetiva, e tem feito isto, levar o seu adepto ao aperfeiçoamento dos próprios costumes, e, pelo exemplo, a estimular os integrantes de sua comunidade a buscarem o mesmo estágio de felicidade. Por isto ser ela tão exigente quanto à escolha daqueles que pretendem fazer parte de seus quadros e muito mais exigente quanto à vida templária, porque não basta ao Maçom ser o sal da terra, na acepção de coexistir com outros materiais e não se contaminar dos aspectos dos mesmos. É preciso ao Maçom ser um líder, uma luz em seu mundo.

Seguindo este raciocínio é que a Maçonaria não contemporiza com aqueles que não respeitam a dignidade da pessoa humana, e foi por força disto que os Maçons estiveram nos movimentos e até nas lutas de emancipação de nações como nas Américas, além de colaborarem decisivamente com a abolição da escravatura no Brasil, com a quebra do absolutismo, com a instalação de governos democráticos, com a retomada da democracia e sua consolidação.

Todavia, estes não são os principais motivos da vida da Maçonaria. São apenas motivos também. A ação dos Maçons fazia a vez de partidos políticos, então inexistentes ou sufocados. Como se há de convir, motivos que se exaurem ao tempo em que os objetivos são colimados. Daí talvez alguém menos avisado, diante desse passado, glorioso sem dúvida, insinuar que a Ordem nada está fazendo

[8] O escopo principal da Maçonaria é o aperfeiçoamento do homem, porém a este cabe, exclusivamente, a escolha dos métodos mais compatíveis com sua natureza para buscar a perfeição. Esses métodos podem ter cunho religioso, filosófico, artístico ou outro qualquer; são todos caminhos diferentes, porém iluminados por um único sol, que é o ideal do Bem, do Belo e do Verdadeiro, ou na expressão de Cristo: do Caminho, da Verdade e da Vida (Leadbeater, in A Vida Oculta da Maçonaria).

nos dias atuais, o que parece verdadeiro, contudo não é. Pois o nosso crescimento revela que somos queridos. E para que alguém nos queira é preciso haver pelo menos uma expectativa de utilidade. Éramos cerca de 50 mil Maçons, no começo do século XX e fechamos a centúria com um efetivo que supera a casa dos 160 mil.

O principal papel da Maçonaria, deste ela nunca descurou, porquanto não é o de substituir agremiação partidária, atividade aliás de curso proibido no seio da Ordem. Em todos os tempos, ela cumpriu com o seu mister, que é o de proceder a INICIAÇÃO de homens dignos e, por via desta Cerimônia[9], torná-los, atendendo à sua livre e espontânea vontade, aptos a receberem o amparo necessário ao aperfeiçoamento dos costumes, não só os próprios, mas também os da sociedade profana, mediante o exemplo e, quando for o caso, instruindo-a e com a mesma colaborando através do fornecimento de projetos às autoridades que a conduzem, possibilitando, por este intermédio, o estágio de evolução, no qual se evidencie o progresso com humanidade e justiça social.

Nos tempos que atravessamos, de tantos percalços, em que se procura, muitos até com desespero, uma tábua de salvação, tomo a liberdade de oferecer à reflexão o presente ensaio sobre a Maçonaria, como uma possibilidade que se coloca à disposição do homem que deseja renascer.

∴

[9] A Iniciação é a porta que dá ingresso em um novo estado moral ou material, no qual uma pessoa se inicia ou começa uma nova maneira de ser ou de viver. Esta nova maneira de ser ou de viver é a característica do Iniciado com relação ao profano. Tendo ingressado neste estado novo, o primeiro o conhece do lado de dentro, ao passo que o segundo permanece fora do mesmo, ou seja, fora do Templo da Sabedoria ou de um real conhecimento da Verdade e da Virtude, das quais só conhece os aspectos profanos ou exteriores. Não se trata, na verdade, de uma simples recepção numa determinada associação. Para melhor dizer, a Iniciação é o ingresso em um novo estado de consciência, em uma maneira de ser diferente, que se refletiria, forçosamente, sobre a nossa vida exterior. A Iniciação deve ser vista como um renascimento interior, o ingresso em uma nova maneira de pensar, de viver, de falar e de fazer. É isto que se entende em Maçonaria por Iniciação. Por esta razão, o Iniciado morre simbolicamente para o mundo, para o estado profano; mas esta morte simbólica é necessária para o renascimento iniciático, ou seja, para o estado que é a negação dos vícios, dos erros e das ilusões; o estado que constitui o desejo de aperfeiçoamento do nosso espírito que se expressa em nossas aspirações e ideais mais elevados (Nicola Aslan, in Comentários ao Ritual de Aprendiz, página 241).

A Apresentação da Doutrina Maçônica

Irm∴ Raimundo Rodrigues – GLESP
Or∴ de São Paulo – SP

O movimento harmonioso define-se na manifestação Força-trabalho-planejamento: súmula dos três Graus Simbólicos, desdobrados nas etapas da Pedra Bruta, da Pedra Cúbica e da Prancheta.
Rosemiro Pereira Leal – *"Pesquisa em Maçonaria"*

Há quem pergunte por que a Maçonaria apresenta sua doutrina por etapas. Se observarmos bem, veremos que todo e qualquer estudo deve ser feito por etapas, partindo-se do início da coisa a ser estudada, percorrendo-se a pouco e pouco o caminho que nos leve sempre para frente.

Pode até ser que apareça alguém que argumente que iniciou seus estudos filosóficos a partir de Sócrates, por não se ter interessado pelos pré-socráticos. Muito bem. Será que, realmente, nós conseguiríamos crescer nos campos da filosofia sem conhecer a filosofia dos que vieram antes de Sócrates?

O estudante de filosofia pode começar a estudá-la de onde ele quiser, só que não sabemos qual seria o resultado desse estudo.

Nada há que proíba a quem queira estudar filosofia que comece aqui ou ali.

A Maçonaria é sábia; ela quer que o estudo comece do ponto de partida de sua doutrina. E há várias vantagens tiradas dessa obrigação. A primeira é que todos nós, Maçons, sempre ficamos de curiosidade aguçada, pensando no que viria depois. Não há, neste velho mundo, quem ignore que a curiosidade é um dos grandes fatores da aprendizagem. E deve-se verificar que, além do estudo da doutrina, há outros estudos muito importantes, como a ritualística e a história da Ordem.

Os três primeiros Graus englobam estudos de matéria que, às vezes, se repete. Entretanto, à medida que se avança no conhecimento dessa matéria, vão surgindo interpretações que antes não nos ocorreram. Tal coisa acontece porque também a repetição é benéfica à aprendizagem. E não nos referimos apenas à doutrina. Loja que não pratica certos pontos da ritualística com formalidade, no passar do tempo, grande parte de seus Obreiros se esquece de como fazer a coisa e pode, até, em visitando outras Lojas, cair no ridículo. Daí por que o Irmão Rosemiro Leal, já citado no cabeçalho deste ensaio afirma:

> *Evidente que o Trabalho nos Templos Maçônicos não significa mera diversão. Temos ali um Ritual que deve ser repetido como um sino a bater em nossa inteligência, despertando-nos, a cada dia, para reflexões sobre ontologia, axiologia e teleologia.*

Esse autor tem carradas de razão. Essa repetição que acontece sempre em cada Loja não deve ser feita maquinalmente e, às vezes, com displicência.

É bom e é salutar que nos ponhamos sempre a buscar reflexões diferentes para aquilo que obrigatoriamente se repete. Cada vez que ouvirmos falar em Pedra-Bruta por que não fazer um "examezinho" de consciência, procurando descobrir se temos lutado para extirpar de nosso interior, de nosso intelecto, de nosso espírito alguma daquelas coisas que não devem permanecer em nós? Por outro lado, meditar para ver se temos melhorado ou aumentado as virtudes que ornam o nosso caráter.

Por que não pensar que seria o supra-sumo da beleza espiritual se chegássemos, realmente, a polir a Pedra Cúbica... o que, infelizmente, nunca irá acontecer.

Uma outra coisa para a qual devemos atentar: serão os Rituais do Simbolismo perfeitos? No que tange à doutrina, não temos dúvida; se bem que, de vez em quando, topemos com alguma coisa que ali foi introduzida por mão pouco hábil e que não tinha nem competência, nem direito de fazê-lo.

A coisa mais comum que se houve em Loja é elogios às lições do Ritual:

> *– Lição maravilhosa, muito bem elaborada, rica de ensinamentos, muito bonita!*

Às vezes, quem faz o elogio fica só nisso, não aumentando um dedal de conhecimento ao que foi lido.

Há defeitos, e defeitos graves na ritualística posta em prática pela maioria esmagadora de nossas Lojas.

A nossa crítica, e iremos formulá-a agora, talvez até convicto de estarmos pregando no deserto, não é contra os Rituais e, sim, contra os responsáveis pelas Lojas.

O Aprendiz, só pode ter aumento de salário diante de certas condições. É necessário que tenha, no mínimo, sete meses de Loja, a partir de sua Iniciação que tenha pelo menos 75% de freqüência e que esteja em dia com a Tesouraria.

Muito bem, o que é que acontece? O Aprendiz tem sete meses de Iniciado? Recebeu as sete instruções? Tem 75% de freqüência? Não deve à Loja? **Aumento de salário** nele! A principal coisa dificilmente é cogitada: sabe ele o mínimo necessário exigido para que vá para a Coluna do Sul?

Temos aqui, debaixo dos olhos, o Regulamento Geral de nossa Grande Loja que, ao tratar da PASSAGEM DE GRAU, no Art. 218, referindo-se a Aprendizes e Companheiros, diz, no inciso IV – um e outro deverão demonstrar conhecimento do Simbolismo, da Filosofia Maçônica, ***das Leis que regem a Ordem*** (o grifo é nosso) e conhecimento de Grau.

Temos a impressão que dirigente de Loja precisa tomar conhecimento pleno desse inciso IV do Art. 218... porque o que se vê é a pressa de fazer com que o Aprendiz abaixe a Abeta. Tudo o que dissemos sobre o aumento de salário do Aprendiz serve também para o Companheiro.

Passemos a um outro ponto: há lições que **nunca** deveriam ser dadas em uma única reunião.

Temos orgulho de pertencer à Grande Loja Maçônica do Estado de São Paulo, portanto, o Ritual que está aberto, aqui, é o de Aprendiz da GLESP.

A primeira instrução trata de temas importantíssimos e é a primeira que o Iniciado vai ter. Porventura, já se deram ao trabalho de contar quantas páginas ela engloba? Sete páginas. Escrevemos SETE páginas. E são cinco ou seis temas diferentes, entre os quais análise dos instrumentos e utensílios do Aprendiz Maçom, terminando com filosofia pura, isto é, estudo sobre o bem e o mal, da maneira, com poucas mudanças, como ensinaram Sócrates e Aristóteles. Essa primeira instrução deveria ser estudada por tópicos. Vejamos como ficaria a divisão:

1º tópico: Sinal, Toque e Palavra; a marcha do Aprendiz (a correlação com os signos zodiacais), etc.
2º tópico: a Régua de 24 polegadas, o Maço e o Cinzel.
3º tópico: o conhecimento baseado na exatidão, ajudado pelo trabalho e efetivado pela perseverança.
4º tópico: o Bem e o Mal (à luz da filosofia).
5º tópico: As reflexões que a Maçonaria nos sugere.

Por essa divisão se verifica que a **Primeira Instrução** não pode ser ministrada em uma só *"aula"*. Seriam necessárias, no mínimo, três "Lojas", para que se pudesse dar a Primeira Instrução de maneira que os Aprendizes pudessem aprender um mínimo de tudo o que ela traz para o bom conhecimento da doutrina que ali se encerra.

A segunda Instrução se estende por SEIS páginas, englobando também o que de mais importante existe em todo o estudo do Primeiro Grau.

Vejamos o que se poderia fazer para que essa Instrução fosse bem ministrada:

1º tópico: o Painel de Loja;
2º tópico: o formato da Loja;.
3º tópico: as três Colunas, formadora do triângulo regente e sustentáculo da Loja;
4º tópico: A Escada de Jacob;
5º tópico: o Esquadro e o Compasso: as Jóias móveis e as Jóias fixas.

Ao estudar a Escada de Jacob, aproveitar e fazer um rápido comentário sobre as Três Grandes Luzes Emblemáticas da Maçonaria.

Pelas divisões que acabamos de fazer, fica bem claro que também a Segunda Instrução não pode ser ministrada um uma única Sessão.

Achamos um verdadeiro absurdo que a sétima Instrução (oito páginas e meia) seja dada em uma única Loja. Daí a razão por que a coisa mais difícil que existe é você encontrar um Maçom capaz de dissertar corretamente, e sem inventar, sobre numerologia.

E o que é mais grave... as leituras seriam bem feitas???

Cala-te boca!!!

Agora vai a pergunta: o defeito é do Ritual? Não, não é. O Ritual é ótimo, as lições estão muito bem distribuídas. O defeito, meus queridos Irmãos, o defeito é nosso – meu, teu, nosso, vosso, de todos nós.

Não estamos exagerando. Estamos escrevendo esta matéria baseado nas três Lojas por que passamos, nestes 27 anos de Maçonaria e uma porção de outras por vós visitadas, aqui em São Paulo e em vários lugares do Brasil.

Temos, de nós para nós, que esta é uma das razões por que não passam do 1º Grau. E há quem lhes ponha a culpa, quando a culpa é nossa, e só nossa, com a pressa de darmos aumento de salário.

Tenho certeza absoluta que a modificação didática adotada pela Grande Loja de Santa Catarina, inclusive com o estudo da filosofia geral, dará certo e será o primeiro passo para que as Potências e Obediências brasileiras comecem a pensar bem sobre o assunto.

Desculpem-nos os leitores pelo tom incisivo deste ensaio. A maioria absoluta dos que me lêem, sabe que não há exagero algum em nossas afirmativas. Ao cabo de contas, nossa obrigação, como Maçom, é combater o que está errado. Não somos contra nossos Irmãos e, muito menos, contra nossas Lojas. Somos, isto sim, de corpo e alma, contra o que está errado.

Vamos pôr a pressa de lado. Lembremo-nos do velho ditado: ***a pressa é inimiga da perfeição!***

∴

O Sigilo Maçônico

Irm∴ Frederico Guilherme Costa
Or∴ do Rio de Janeiro – RJ

Muito temos ouvido falar a respeito do segredo maçônico. Historicamente temos como certo que em nome deste segredo a Maçonaria foi perseguida, tanto pelos poderes temporais, como pelos espirituais. As condenações foram inúmeras. Mesmo antes das proibições eclesiásticas os governos da Holanda, Suíça, França, Alemanha, Itália, Portugal, Áustria, entre outros, anteciparam-se à bula ***In Eminenti*** de Clemente XII[1]. Presentemente estamos nós, os pesquisadores, sofrendo a ausência das fontes primárias, muitas delas suprimidas provavelmente em nome do equivocado entendimento deste ***segredo***. Em Portugal, o período compreendido entre os anos de 1820-1869, nos mostra um quadro clássico de perseguições e de irregularidades, responsável pelo desaparecimento dos documentos entre os Maçons. Parece que o fato foi percebido por Oliveira Marques,

[1] Estas condenações já foram tratadas ***in*** Frederico Guilherme Costa. *Maçonaria: Um Estudo da sua História*. Londrina: Editora Maçônica "A TROLHA", 1991. A bula ***In Eminenti*** foi a pioneira das condenações contra a Maçonaria em 1738. Elas eram dadas, entre outras razões, em função do ***segredo*** das Cerimônias Maçônicas.

ao se ressentir das ausências destas fontes nas diversas Obediências portuguesas:

> *depois de numerosas dificuldades (...) a maioria, porém, devida à deficiência das fontes e à carência da bibliografia numa enormidade de tema (...) Nenhuma das mais de dez Obediências* **[estudadas no período]** *deixou quaisquer registros próprios*[2].

Entretanto, grande parte das fontes encontra-se em estabelecimentos profanos de alta competência. Atesta novamente Oliveira Marques:

> *Na Biblioteca Nacional de Lisboa e no Arquivo Nacional da Torre do Tombo conservam-se alguns fundos de excepcional importância. Foram dirigidas circulares a todos os arquivos distritais e regionais do País, com resultados por vezes surpreendentes, revelando-se o fundo maçônico incluído no espólio dos Condes da Praia, existente na Biblioteca Pública e Arquivo de Angra do Heroísmo*[3].

Com certeza no Brasil do mesmo período, com exceção de um breve interregno entre 1822-1831, a Maçonaria foi livre e próspera. Por que, então, não encontramos as fontes primárias nas Obediências que se dizem sucessoras de um passado rico em experiências históricas? Seria porque a Maçonaria é **secreta**[4] e os Maçons guardiões dos seus segredos, como pretende alguns dos seus mais sinceros defensores?

O competente e estudioso Irm∴ ANTÔNIO DO CARMO FERREIRA, Grão-Mestre do Grande Oriente Independente de Pernambuco, durante a reunião dos VVen∴ Mestres das Lojas da região do Grande Recife, em 11 de março de 1997, no Casarão da Penha, apresentou uma palestra a respeito do ***sigilo maçônico***.

---

[2] A. H. de Oliveira Marques. *História da Maçonaria em Portugal. Política e Maçonaria 1820-1869 (1ª Parte)*, p. 9. Lisboa: Editorial Presença, 1996.

[3] Idem, p. 10.

[4] Lionel Vibert. *La Franc-Maçonnerie Avant L'Existence Des Grandes Loges*, Paris, Gloton Editeur, 1950, afirma, ao final do capítulo IX da sua obra que, "de fato, a Maçonaria atual não é uma organização de ensinamento esotérico imaginada pelos rosa-cruzes. Nós não somos uma sociedade estritamente secreta, nem escondemos nossa existência. Sobrevivemos somente pela virtude do nosso pensamento de amor fraternal, igualdade entre os Irmãos e a prática de nosso princípio essencial de mútuo socorro".

Citando o não menos competente Irm∴ Armando Righetto, o palestrante pede que os Maçons brasileiros repensem as suas atitudes na adequação da ordem ao novo milênio que se aproxima, pois "hoje os maiores inimigos da Maçonaria são os próprios Maçons. Não convictos e invigilantes, descuidam-se do SIGILO e levam perigo constante à nossa Ordem"[5]. A preocupação aqui, mais uma vez, é com o ***segredo maçônico***, pois qualquer bom dicionário nos mostrará que o **segredo** significa aquilo que não pode ser revelado; ***sigilo***.

A questão que nos parece importante é o sentido dado ao segredo maçônico, se é que existe algum. Para Antônio do Carmo trata-se de uma exigência do hodierno do Maçom, assunto previsto na Constituição de Anderson de 1723, documento jurídico máximo da Moderna Maçonaria[6]. Continuando o autor esclarece, entretanto, que o sigilo se prende ao respeito do que se discute dentro das reuniões em Loja[7]. Este entendimento parece está muito próximo daquele defendido pelo Maçom português da linha conservadora, LUÍS NANDIN DE CARVALHO, Grão-Mestre eleito da Grande Loja Regular de Portugal[8]:

> *Quanto aos aspectos relativos ao segredo maçônico, ele está apenas reduzido ao respeito pela reserva da intimidade das opções de cada um, ou seja, não é lícito a um Maçom revelar a um profano a condição de Maçom de um seu Irmão sem o seu consentimento. Em Portugal trata-se aliás de um direito constitucionalmente consagrado que se insere na proteção da vida privada de cada um. Quanto aos demais aspectos da vivência maçônica, em especial os de natureza ritual, espera-se discrição dos seus membros, especialmente perante profanos em nome da mesma reserva de privacidade que contempla naturalmente não apenas indivíduos mas também entidades coletivas, socieda-*

---

[5] Armando Righetto. Artigo intitulado "Inimigos atuais da Maçonaria", "PRUMO" Nº 106 de janeiro/fevereiro 1996, Florianópolis, citado por Antônio do Carmo, ref. feita.
[6] Antônio do Carmo, op. cit.
[7] Idem.
[8] Luís Nandim de Carvalho. *A Maçonaria. As Mulheres e a Internet*, p. 14. Lisboa: Edições Margem, 1996.

des, associações e até os próprios órgãos dos serviços públicos.

Armando Righetto representa o que de melhor se pode esperar de uma sociedade fraterna como a Maçonaria. Culto, intelectual de primeira linha. Particularmente sou seu devedor pelas inúmeras gentilezas concedidas. Igualmente me considero devedor dos seus conselhos e sugestões. Portanto, estou muito a vontade para interpretar o seu ponto de vista a respeito do ***sigilo maçônico***.

O Respeitável Irmão Righetto, com certeza, titular de cátedra universitária, não está se referindo, no seu artigo mencionado, a um sigilo vulgar, mas ao processo de determinado desenvolvimento hermético, próprio dos defensores de uma Maçonaria esotérica ou espiritualista. Não me cabe dissertar a respeito desta linha esotérica, muito menos criticar os seus defensores. O que pretendo alertar, em nome do estudo sistemático da História da Maçonaria, é para o perigo do falso entendimento do ***sigilo*** na Maçonaria. A superar o entendimento de que tudo que se passa nas Lojas, nas Atas, nos pronunciamentos ao "povo maçônico" é secreto, como fazer a História da Instituição no novo milênio que adentramos?

Vejamos algumas revelações históricas feitas por pesquisadores importantes – ***fundamentalmente as do historiador e maçonólogo alemão FINDEL, Iniciado em 1865 em Bayreuth na Loja "Eleusis zur Verschwiegenheit"*** –, que nos permite não só estudar a Ordem, mas defendê-la ***historicamente*** dos seus detratores:

Segundo Findel, o nome Franco-Maçom ou ***Freestone Mason*** surge na Inglaterra em 1350, ou seja, o pedreiro livre que trabalhava na pedra de adorno, diferentemente do **Rough Mason**, trabalhador vulgar dos Canteiros Ingleses[9]. Esta referência, segundo o autor citado, encontra-se em um Ato do Parlamento correspondente ao ano 25 do reinado de Eduardo III[10].

Tão logo terminava o treinamento, o Aprendiz solicitava ingresso nas guildas, munido de um "atestado" de honradez e certidão de nascimento. Algumas profissões eram consideradas desonrosas. O futuro membro recebia um sinal que deveria ser

[9] J. H. Findel, *"Histoire de la Franc-Maçonnerie"*, p. 81.
[10] Idem, ibidem.

reproduzido em todas as suas obras[11]. O padrinho era o seu principal instrutor. Em determinado momento o Neófito era conduzido até a Corporação, ou seja, ao local consagrado sob a responsabilidade do Mestre. Abertos os trabalhos pelo Mestre, o padrinho obrigava o Candidato a despir-se, não só das luxuosas roupas, mas também das armas e "metais" – dinheiro. Tinha o peito esquerdo desnudo e, com uma venda nos olhos, era conduzido à porta que dava acesso ao Templo[12] – nesta época o **barracão** construído no canteiro da obra –, que era aberto após três golpes. O 1º Vigilante guiava o recipiendário até o Mestre e este o fazia ajoelhar-se enquanto elevava uma prece ao Criador. Após as três viagens, era colocado em esquadria no Ocidente, dava os três passos na direção do Mestre, que tinha à sua frente uma mesa com as três Grandes Luzes – a bíblia, o Esquadro e o Compasso. O Candidato então estendia a mão direita e jurava pelas Leis da Confraria obedecer e manter silêncio sobre tudo o que tomasse conhecimento. Por fim, tiravam-lhe a venda, dando-lhe, simbolicamente, a **luz**. Recebia o Avental de serviço, a Palavra de Passe, o Sinal e o Toque dos Aprendizes Maçons. Segundo Knoop-Jones, era prestado o seguinte juramento:

> *Juro por Deus e por São João, pelo Esquadro e pelo Compasso, submeter-me ao juízo de todos, trabalhar sob as ordens do meu Mestre na honorável Loja, desde segunda-feira de manhã até sábado, guardar as Leis, sob pena de que me seja arrancada a língua sob o queixo e ser enterrado sob as ondas, num lugar desconhecido por todo e qualquer homem*[13].

Será que o que aqui foi transcrito viola qualquer "sigilo" da Maçonaria regular? A prevalecer um entendimento falso a respeito deste assunto teremos, novamente, a Maçonaria negligenciada pelos pesquisadores e com freqüência identificada como uma sociedade mística, quando deve ser vista como objeto de estudo histórico,

---

[11] Para um melhor entendimento destes "sinais", cif. Ferrer Benimeli, *"Masoneria, Iglesia e Ilustracion"*, v. 1, p. 41 e pp. 339/388.

[12] O "Templo" neste período era uma simples sala sem as características dos Templos Maçônicos atuais, criados a partir dos anos 1775/1776, segundo o entendimento corrente da maioria dos pesquisadores da Loja de Pesquisas de Londres *"Quatuor Coronati"*.

[13] Knoop-Jones, *The Genesis of Freemasonry", p. 208.*

político, habitada por homens ilustrados, sujeitos e objetos da sua história.

O século XVIII, momento do nascimento da Moderna Maçonaria, foi aquele que separou o conhecimento científico do religioso; separação entre a História da Terra e a História do Homem, estabelecendo-se a diferença entre ambas. Vico afirmava que só o homem tem história. A natureza não tem história sua. O homem não emerge da natureza, ele está, desde sempre, situado na natureza. Vico é o principal agente da mudança de uma mentalidade religiosa para uma postura científica moderna[14].

Uma leitura atenta da história maçônica neste período torna evidente que a Instituição nas suas posições religiosas como nas suas opções políticas, se apresentava como seguidora das Doutrinas do Direito Natural e se pode descobrir nas suas análises da evolução da humanidade claras sugestões da teoria cíclica de Vico[15].

O **ilustrado** considera que o passado não apresenta um referencial obrigatório para a evolução da humanidade, senão o conjunto de erros que somente a razão pode explicar, único meio de se chegar a uma religião natural que iguale todos os homens a um deísmo que não nega a Deus, mas o relega à função de primeiro motor da existência[16].

Esta "religião natural" que iguala todos os homens num deísmo que não nega a Deus, está expresso na Constituição de Anderson de 1723, primeiro documento da moderna Maçonaria, na sua parte concernente a Deus e à Religião. Portanto, o contexto da época do nascimento da Maçonaria moderna era o esclarecimento:

> *Um Maçom é obrigado, por sua condição, a obedecer à Lei Moral; e se compreende bem a Arte, não será jamais um ateu estúpido, nem um libertino irreligioso. Mas se bem que nos tempos antigos os Maçons fossem obrigados em cada país a ser da religião, qualquer que fosse, desse país ou dessa nação, contudo é considerado mais conveniente de somente os sujeitar àquela religião sobre a*

---

[14] Patrick Gardiner. *"A Interpretação do Processo Histórico", pp. 11/27,* **in** Teorias da História, Fundação Calouste Gulbekian, 3ª ed.

[15] Antônio Egídio Fernandes. *"A Luta do Poder contra a Maçonaria"*, p. 207.

[16] José Ferrater Mora. *Diccionario de Filosofia*, v. 2, p. 1.624.

qual todos os homens estão de acordo, deixando a cada um suas próprias opiniões; isto é, serem homens de bem e leais, ou homens de honra e de probidade, quaisquer que sejam as denominações ou confissões que os possam distinguir; pelo que a Maçonaria se torna o Centro de União, e o meio de firmar uma amizade sincera entre pessoas que teriam ficado permanentemente distanciadas[17].

Deste modo, o sentido que damos ao termo ***ilustrado***, é o de esclarecimento, renome, realce. Pressupõe ser o ilustrado um homem com grande conhecimento histórico, científico, artístico. Enfim, um personagem ilustre pelo seu saber; um erudito. Deve o Maçom de hoje honrar o seu passado ilustrado. Lutar contra a intolerância e a discriminação intelectual.

A Maçonaria sempre foi uma parte importante da História. Presentemente temos uma história totalizante que privilegia igualmente o vencido. Foi preciso lutar com vigor contra os vencedores que escreviam a História nos seus gabinetes bordados e ornados com quadros obscuros do orgulho, da vaidade e da prepotência. Foi preciso fazer uma revolução para proclamar a História secreta dos déspotas, ainda que "esclarecidos".

Finalmente, fica o alerta para o Maçom menos atento ao sentido maior das palavras dos eminentes IIrm∴ Righetto e Carmo. Eles não são censores do livre pensamento, apenas revelam a justa preocupação com os destinos da Maçonaria frente a nova ordem estabelecida. Em momento algum a palavra **SIGILO** deve ser entendida como subtração de informações à História, pois ainda que assim fosse a verdade apareceria sussurrada não por uma mãe caridosa, mas com a fúria de Clio.

∴

[17] *"As Constituições de Anderson"*. Tradução de João Nery Guimarães.

Por que São João, "Nosso Padroeiro"?

Irm∴ José Castellani
Or∴ de São Paulo – SP

Além de girar em torno de seu eixo, a Terra desloca-se no espaço, com um movimento de translação em torno do Sol, quando descreve uma elipse, de acordo com as leis de Kepler. Para o observador situado na Terra, todavia, é como se esta fosse fixa e o Sol se movesse em torno dela, seguindo um caminho que, como já foi visto, é chamado de eclíptica.

Em sua marcha em torno do Sol, a Terra, descrevendo uma elipse, ficará mais próxima, ou mais afastada do astro da luz. O ponto mais próximo – 147 milhões de quilômetros – é o *periélio*; o mais afastado – 152 milhões de quilômetros – é o *afélio*. Se a Terra, no movimento de translação, girasse sobre um eixo vertical em relação ao plano da órbita, as suas diferentes regiões receberiam iluminação sempre sob o mesmo ângulo e a temperatura seria sempre constante, em cada uma delas. Mas, como o eixo é inclinado, em relação à órbita, essa inclinação faz com que os raios solares incidam sobre a Terra segundo um ângulo diferente, a cada dia que passa. E, assim, vão se sucedendo as estações: verão, outono, inverno e primavera.

Como os planos do equador terrestre e da eclíptica não coincidem, tendo uma inclinação, um em relação ao outro, de 23 graus e 27 minutos, eles se cortam ao longo de uma linha, que toca a eclíptica em dois pontos: são os *equinócios*. O Sol, em sua órbita aparente, cruza esses pontos, ao passar de um hemisfério celeste para outro; a passagem de Sul a Norte, marca o início da primavera no hemisfério Norte e do outono no hemisfério Sul; a passagem do Norte para o Sul, marca o início do outono no hemisfério Norte e da primavera no hemisfério Sul. Esses são os equinócios de primavera e de outono.

Por outro lado, nos momentos em que o Sol atinge sua maior distância angular do equador terrestre, ou seja, quando é máximo o valor de sua declinação, ocorrem os ***solstícios***. Os dois solstícios ocorrem a 21 de junho e a 21 de dezembro; a primeira data marca a passagem do Sol pelo primeiro ponto do trópico de Câncer, enquanto que a segunda é a passagem do Sol pelo primeiro ponto do trópico de Capricórnio. No primeiro caso, o Sol está em afélio e é solstício de verão no hemisfério Norte e de inverno no hemisfério Sul; no segundo, o Sol está em periélio e é solstício de inverno no hemisfério Norte e de verão no hemisfério Sul. Portanto, o solstício de verão no hemisfério Norte e de inverno no hemisfério Sul, ocorre quando o Sol está em sua posição mais boreal (Norte), enquanto que o solstício de verão no hemisfério Sul e de inverno no hemisfério Norte, ocorre quando o Sol está em sua posição mais austral (Sul).

Por herança recebida dos membros das organizações de ofício, que, tradicionalmente, costumavam comemorar os solstícios, essa prática chegou à Maçonaria moderna, mas já temperada pela influência da Igreja sobre as corporações operativas. Como as datas dos solstícios são 21 de junho e 21 de dezembro, muito próximas das datas comemorativas de São João Batista – 24 de junho – e de São João Evangelista – 27 de dezembro – elas acabaram por se confundir com estas, entre os operativos, chegando à atualidade. Hoje, a posse dos Grão-Mestres das Obediências e dos Veneráveis Mestres das Lojas realiza-se a 24 de junho, ou em data bem próxima; e não se pode esquecer que a primeira Obediência Maçônica do mundo, como já foi visto, foi fundada em 1717, no dia de São João Batista.

Graças a isso, muitas corporações, embora houvesse um santo

protetor para cada um desses grupos profissionais, acabaram adotando os dois São João como padroeiros, fazendo chegar esse hábito à moderna Maçonaria, onde existem, segundo a maioria dos Ritos, as Lojas de São João, que abrem os seus trabalhos "à glória do Grande Arquiteto do Universo (Deus) e em honra a S. João, nosso padroeiro", englobando, aí, os dois santos.

No Templo Maçônico, essas datas solsticiais estão representadas num símbolo, que é o Círculo entre Paralelas Verticais e Tangenciais. Este significa que o Sol não transpõe os trópicos, o que sugere, ao Maçom, que a consciência religiosa do Homem é inviolável; as paralelas representam os trópicos de Câncer e de Capricórnio e os dois S. João.

Tradicionalmente, por meio da noção de porta estreita, como dificuldade de ingresso, o Maçom evoca as portas solsticiais, estreitos meios de acesso ao conhecimento, simbolizados no círculo cósmico, no círculo da vida, no zodíaco, pelo eixo Capricórnio-Câncer, já que Capricórnio corresponde ao solstício de inverno e Câncer ao de verão (no hemisfério Norte, com inversão para o Sul). A porta corresponde ao início, ou ao ponto ideal de partida, na elíptica do nosso planeta, nos calendários gregorianos e também em alguns pré-colombianos, dentro do itinerário sideral.

O homem primitivo distinguia a diferença entre duas épocas, uma de frio e uma de calor, conceito que, inicialmente, lhe serviu de base para organizar o trabalho agrícola. Graças a isso é que surgiram os cultos solares, com o Sol sendo proclamado – como fonte de calor e de luz – o rei dos céus e o soberano do mundo, com influência marcante sobre todas as religiões e crenças posteriores da humanidade. E, desde a época das antigas civilizações, o homem imaginou os solstícios como aberturas opostas do céu, como portas, por onde o Sol entrava e saía, ao terminar o seu curso, em cada círculo tropical.

A personificação de tal conceito, no panteão romano, foi o deus *Janus*, representado como divindade bifásica, graças à sua marcha pendular entre os trópicos; o seu próprio nome mostra essa implicação, já que deriva de *janua*, palavra latina que significa *porta*. Por isso, ele era, também, conhecido como *Janitur*, ou seja, porteiro, sendo representado com um molho de chaves na mão, como guardião das portas do céu. Posteriormente, essa alegoria passaria, através da tradição popular cristã, para São Pedro, mas sem qualquer relação com o solstício.

Janus era um deus bicéfalo, com duas faces simetricamente opostas, cujo significado simbolizava a tradição de olhar, uma das faces, constantemente, para o passado, e a outra, para o futuro. Os Césares da Roma imperial, em suas celebrações e para dar ingresso ao Sol nos dois hemisférios celestes, antepunham o deus Janus, para presidir todos os começos de iniciação, por atribuir-lhe a guarda das chaves.

Tradicionalmente, tanto para o mundo oriental, quanto para o ocidental, o solstício de Câncer, ou da Esperança, alusivo a São João Batista (verão no hemisfério Norte e inverno no hemisfério Sul), é a porta cruzada pelas almas mortais e, por isso, chamada de *Porta dos Homens*, enquanto que o solstício de Capricórnio, ou do Reconhecimento, alusivo a São João Evangelista (inverno no hemisfério Norte e verão no hemisfério Sul), é a porta cruzada pelas almas imortais e, por isso, denominada *Porta dos Deuses*. Para os antigos egípcios, o solstício de Câncer (Porta dos Homens) era consagrado ao deus Anúbis; os antigos gregos o consagravam ao deus Hermes. Anúbis e Hermes eram, na mitologia desses povos, os encarregados de conduzir as almas ao mundo extraterreno.

A importância dessa representação das portas solsticiais pode ser encontrada com o auxílio do simbolismo cristão, pois, para o Maçom, as festas dos solstícios são, em última análise, as festas de São João Batista e de São João Evangelista. São dois São João e há, aí, uma evidente relação com o deus romano Janus e suas duas faces: o futuro e o passado, o futuro que deve ser construído à luz do passado. Sob uma visão simbólica, os dois encontram-se num momento de transição, com o fim de um grande ano cósmico e o começo de um novo, que marca o nascimento de Jesus: um anuncia a sua vinda e o outro propaga a sua palavra. Foi a semelhança entre as palavras Janus e Joannes (João, que, em hebraico é Iehohannam = graça de Deus) que facilitou a troca do Janus pagão pelo João cristão, com a finalidade de extirpar uma tradição "pagã", que se chocava com o cristianismo. E foi desta maneira que os dois São João foram associados aos solstícios e presidem às festas solsticiais.

Continua, aí, a dualidade, princípio da vida: diante de Câncer,

Capricórnio; diante dos dias mais longos, do verão, os dias mais curtos, do inverno; diante de São João "do inverno", com as trevas, Capricórnio e a Porta de Deus, o São João "do verão", com a luz, Câncer e a Porta dos Homens (vale recordar que, para os Maçons, ***simbolicamente***, as condições geográficas são, sempre, as do hemisfério Norte).

Dentro dessa mesma visão simbólica, podemos considerar a configuração da constelação de Câncer. Suas duas estrelas principais tomam o nome de *Aselos* (do latim *Asellus, i* = diminutivo de *Asinus*, ou seja: jumento, burrico). Na tradição hebraica, as duas estrelas são chamadas de *Haiot Nakodish*, ou seja, animais de santidade, designados pelas duas primeiras letras do alfabeto hebraico, *Aleph* e *Beth*, correspondentes ao asno e ao boi. Diante delas, há um pequeno conglomerado de estrelas, denominado, em latim, *Praesepe*, que significa presépio, estrebaria, curral, manjedoura, e que, em francês, é *crèche*, também com o significado de presépio, manjedoura, berço. Essa palavra crèche já foi, inclusive, incorporada a idiomas latinos, com o significado de local onde crianças novas são acolhidas, temporariamente.

Esse simbolismo dá sentido à observação material: Jesus nasceu a 25 de dezembro, sob o signo de Capricórnio, durante o solstício de inverno, sendo colocado em uma manjedoura, entre um asno e um boi.

Essa data de nascimento, todavia, é puramente simbólica. Para os primeiros cristãos, Jesus nascera em julho, sob o signo de Câncer, quando os dias são mais longos no hemisfério Norte. O sentido cristão, no plano simbólico, abordaria, então, apenas a Porta dos Homens e, assim, só haveria a compreensão de Jesus, como ser, como homem. Mas Jesus é o ungido, o messias, o Cristo – segundo a teologia cristã – e o outro pólo, obrigatoriamente complementar, é a Porta de Deus, sob o signo de Capricórnio, tornando a dualidade compreensível.

Dois elementos, entretanto, um material e um religioso, viriam a influir na determinação da data de 25 de dezembro. O material refere-se aos hábitos dos antigos cristãos e o religioso, ao mitraismo da antiga Pérsia, adotado por Roma:

Os primeiros cristãos do Império Romano, para escapar às perseguições, criaram o hábito de festejar o nascimento de Jesus durante as festas dedicadas ao deus Baco, quando os romanos, ocupados com os folguedos e orgias, os deixavam em paz.

Mas a origem mitraica é a que é mais plausível para explicar essa data totalmente fictícia: os adeptos do mitraismo costumavam se reunir na noite de 24 para 25 de dezembro, a mais longa e mais fria do ano, numa festividade chamada – no mitraismo romano – de *Natalis Invicti Solis* (nascimento do Sol triunfante). Durante toda a fria noite, ficavam fazendo oferendas e preces propiciatórias, pela volta da luz e do calor do Sol, assimilado ao deus Mitra. O cristianismo, ao fixar essa data para o nascimento de Jesus, identificou-o com a luz do mundo, a luz que surge depois das prolongadas trevas.

∴

A Liberdade

Irm∴ Anatoli Oliynik
Or∴ de Curitiba – PR

Liberdade é um termo que usamos todos os dias, pensando conhecer o seu significado; mas a um exame mais cuidadoso vemos que é difícil dar-lhe uma definição precisa e unívoca, tão variados e diversos são os casos em que nós o usamos. Todavia, existe um núcleo fundamentalmente igual que ocorre constantemente: é a *ausência de constrangimento*.

Em Maçonaria, segundo Castellani:

> ***Liberdade*** – *Substantivo feminino* (do latim: ***libertas, atis***), *designa a faculdade de fazer ou deixar de fazer uma coisa por vontade própria, sem se submeter a imposições alheias; o gozo dos direitos de homem livre; a licença, a permissão*[1].

[1] **Castellani**, José. *Dicionário etimológico maçônico*. Londrina: "A TROLHA", 1991, v. 3, p. 122.

DEFINIÇÃO

Geralmente com a palavra liberdade entendemos a ausência de constrangimento. A coação pode depender de diversas causas e, por isso, podem ser distinguidos vários tipos de liberdade, dos quais os principais são:

a) ***Liberdade física***: é a isenção de constrangimento físico;
b) ***Liberdade moral***: é a isenção da pressão de forças relativas à ordem moral, como prêmios, punições, leis, ameaças.
c) ***Liberdade psicológica***: é a isenção de impulsos de outras faculdades humanas sobre a vontade para fazê-la agir de uma determinada forma.
d) ***Liberdade política***: é a isenção de determinismos políticos.
e) ***Liberdade social***: é a ausência de determinismos sociais.

Embora Liberdade seja um dos lemas da trilogia maçônica – *"Liberdade, Igualdade e Fraternidade"*, cujo conceito na Instituição é muito amplo e abrangente, neste artigo, trataremos mais especificamente da *liberdade psicológica*. Portanto, vamos a sua definição:

Liberdade psicológica define-se como capacidade que o homem possui de fazer ou não uma determinada coisa, de cumprir ou não determinada ação, quando já subsistem todas as condições requeridas para agir. É o controle soberano sobre a situação, de forma que a vontade tenha nas suas mãos o poder de fazer pender a agulha da balança de um ou do outro lado. É a senhoria absoluta, o domínio completo de si mesmo, das próprias ações, de tudo o que nos diz respeito. Nessa possibilidade radical de decidir por si mesmo é que consiste a essência da liberdade psicológica[2].

HISTÓRIA DO PROBLEMA

O estudo do problema da liberdade efetuado pela filosofia grega, não forneceu contribuição significativa. As principais razões pelas quais o pensamento grego não conseguiu realizar uma investigação satisfatória do problema da liberdade são três:

a) porque considera todas as coisas sujeitas ao destino, uma vontade absoluta, superior aos homens e aos deuses, que determina

---

[2] Cf. L. Gabriel, *Uomo e mondo in decisione*. Turim: Marietti, 1972, pp. 178ss.

consciente ou inconscientemente a ação; por isso, definitivamente os homens estão isentos de qualquer responsabilidade das ações.

b) porque conforme o pensamento grego, o homem faz parte da natureza e é sujeito às leis gerais que a governam, pelo que ele não pode comportar-se diversamente.

c) porque o homem é escravo da férrea engrenagem da história, que é concebida pelo pensamento grego como um movimento cíclico, no qual tudo se repete regularmente em um certo período de tempo.

O problema da liberdade adquiriu uma nova dimensão e atraiu enorme interesse no pensamento contemporâneo.

Mas, nos dois milênios da reflexão filosófica cristã, o problema não foi encarado sempre do mesmo modo e nem recebeu uma única solução.

Durante o período patrístico e medieval o problema foi visto da perspectiva teocêntrica; a liberdade é, sobretudo, uma relação entre o homem e Deus e a esse propósito Santo Agostinho coloca a seguinte pergunta: *"Por que Deus criou o homem livre, sabendo que ele abusaria desse dom?"*. São Tomás de Aquino, também nos coloca a seguinte questão: *"Como é possível, pois, que o homem seja livre se Deus é a causa principal e última de cada coisa?"*.

No período moderno, a perspectiva teocêntrica cede lugar à antropocêntrica: o homem toma consciência da sua autonomia e, por isso, a liberdade não constitui mais um problema para as relações com Deus, mas somente para as relações com as outras faculdades (sobretudo com as paixões) e com os outros indivíduos, com a sociedade, o Estado. Daí os estudos de Descartes, Spinoza, Hume, Freud e de muitos outros autores que estudaram as paixões, e mais recentemente de Karl Marx, Augusto Comte, Stuart Mill, Groce, Russel, Marcuse, sobre as relações entre o indivíduo e sociedade.

No período contemporâneo, o fenômeno da socialização e das suas conseqüências leva a considerar a liberdade, sobretudo, do ponto de vista social. O problema hoje é: de que forma se pode ser ainda livre na sociedade atual, na qual sistemas políticos, os instrumentos de comunicação, os produtos da tecnologia tornaram-se todos, meios potentes da opressão? Hoje, a liberdade não é mais comprometida por forças extramundanas ou infra-humanas, mas por forças sociais, criadas pelo próprio homem, e que agora viram-se contra ele. O problema é encontrar a forma de conciliar o progresso com a liberdade.

SOLUÇÕES PRINCIPAIS

Indicaremos aqui, de forma extremamente esquemática, as soluções mais significativas que foram oferecidas através dos séculos para o problema da liberdade.

Há, antes de tudo, *a solução determinista*, que nega que o homem seja livre.

O determinismo é justificado de diversas formas, alegando razões intrínsecas à natureza do homem ou mesmo razões extrínsecas. Por conseguinte, dão-se duas formas de determinismo: extrínseco e intrínseco. Mas desses dois determinismos apresentam-se diversas subespécies.

DETERMINISMO EXTRÍNSECO

- ***mitológico***: nega que o homem seja livre por razões mitológicas: são o fado, os astros, os demônios, etc., que impedem o homem de ser dono de suas próprias ações. É o determinismo da filosofia grega e também de alguns autores medievais;
- ***teológico***: nega que o homem seja livre por razões teológicas: a onipotência de Deus não deixa espaço nenhum ao exercício da liberdade humana. É a posição da teologia muçulmana e protestante.

DETERMINISMO INTRÍNSECO

- ***fisiológico***: definido por Lambroso e por muitos cientistas modernos, que vêem nos movimentos da vontade simples, reações a determinadas combinações químicas entre as células dos tecidos humanos;
- ***sociológico***: todo o agir humano é determinado pela pressão exercida pela sociedade e pelas estruturas sobre os indivíduos;
- ***psicológico***: a ação da vontade é inteiramente determinada pelo intelecto e pelos seus conhecimentos; segundo Freud, a ação da vontade é telecomandada pelos instintos;
- ***metafísico***: formulado por Spinoza e Schopenhauer, os quais vêem

na vontade humana nada mais do que um momento e um modo da vontade Suprema e da substância divina;

- ***político***: é a submissão da vontade dos cidadãos à do soberano ou da classe governante: foi teorizado por Maquiavel e por Hobbes.

Do lado oposto, encontramos *a solução indeterminista*, que afirma que o homem é livre. Porém, desta solução também se dão várias interpretações, das quais as principais são as seguintes:

PONTO DE VISTA GNOSIOLÓGICO

- ***versão postulatória***: afirma que o homem é livre, mas ao mesmo tempo sustenta que não é possível elaborar uma demonstração teorética dessa verdade (Kant).
- ***versão assertória***: diz que o homem é livre e que essa é uma verdade pela qual se podem aduzir muitas provas decisivas (Aristóteles, Orígenes, Agostinho, Anselmo, Tomás, Locke).

PONTO DE VISTA ONTOLÓGICO

- ***primeira:*** a liberdade é uma qualidade essencial do homem, mas não constitui a sua própria essência (Aristóteles, Agostinho, Escoto, Tomás e Kant);
- ***segunda***: a liberdade constitui a própria essência da natureza humana (Descartes e Sartre).

O ponto de vista ontológico, diz respeito a correlação entre a liberdade e a natureza profunda do ser humano.

EXISTÊNCIA DA LIBERDADE

De todas as soluções enumeradas acima, a mais fidedigna nos pareceu a que se pode demonstrar que o homem é livre e que a liberdade, mesmo não se identificando com a natureza humana, faz parte da sua essência.

Para provar a existência da liberdade, podem aduzir-se muitíssimas argumentações. Alguns autores fazem apelo ao testemunho da consciência, outros à constituição intelectiva do ser humano pelo qual goza ele de alguma superioridade sobre as coisas, outros, enfim, a conseqüências absurdas e desastrosas que o conhecimento da liberdade traz consigo.

Entre os textos mais eloqüentes a favor da liberdade, embora muito distanciados no tempo, citaremos quatro: Clemente de Alexandria, São Tomás de Aquino, Emanuel Kant e Jean-Paul Sartre.

Clemente de Alexandria (150-215)

Clemente afirma insistentemente que o homem é livre. Algumas vezes a essa afirmação, dá uma justificativa teológica, apelando para a autoridade da Escritura. *"Nós sabemos pela Escritura, diz Clemente, que o homem recebeu de Deus a capacidade de escolher e de rejeitar alguma coisa"*. Porém, com muito mais freqüência, oferece-nos argumentos racionais. Em particular, ele insiste sobre o argumento *ex absurdis*: das conseqüências que resultariam caso se negasse a liberdade. *"Elogios, repreensões, recompensas, punições não seriam inteiramente justas se a alma não tivesse a faculdade de querer ou de não querer e cumprisse o mal involuntariamente... Suposto que os pecados têm início na nossa escolha e no nosso desejo e que às vezes reina no nosso espírito uma opinião errada, devido à ignorância e à indiferença e nós não fazemos nada para eliminá-la, Deus tem razão de nos condenar pela nossa iniqüidade, mesmo se não a quisermos aberta e diretamente. Não se tem culpa se não se pega a febre voluntariamente; mas, se ela é pega voluntariamente, se é merecedor de censura. Evidentemente, não escolhemos o mal enquanto mal, mas seduzidos pelo prazer que o acompanha, cremos boa uma coisa e a escolhemos. Todavia, está em nosso poder nos libertarmos da ignorância, da escolha do objeto ruim mas encantador, e, sobretudo, não dar nosso consenso a imagens falazes"*, conclui Clemente.

São Tomás de Aquino (1225-1274)

São Tomás afrontou o problema da liberdade em muitas obras preocupando-se em demonstrar, antes de tudo, a sua existência e depois, também, em esclarecer a sua verdadeira natureza, determinando com precisão as suas correlações com o intelecto e com as outras faculdades da alma. Também ele, como Clemente, dá muita importância ao argumento das conseqüências absurdas. Contra aqueles que sustentam que a vontade humana se move por ação das necessidades, São Tomás escreve: *"Essa opinião deve ser contada entre aquelas alheias (extraneas) à filosofia, porque não é somente contraditória à fé, mas subverte também todos os princípios da filosofia moral. De fato, se nós partirmos para a ação, necessariamente, se suprime a deliberação, a exortação, o comando, o louvor e a reprovação, que são coisas pelas quais existe a filosofia moral... Tais opiniões, que destroem os princípios de alguma parte da filosofia, dizem-se posições extravagantes (positiones extraneae), como a afirmação de que nada se move, a qual demole os alicerces da ciência natural*". Contra os que afirmam que as ações humanas são determinadas pelos outros, São Tomás faz a seguinte declaração, muito aguda: "*A nenhum ser é dada em vão uma faculdade. Logo, o homem tem a faculdade de julgar e de refletir sobre tudo quanto pode operar, seja no uso das coisas exteriores, como no favorecer ou rejeitar as paixões internas; e isso seria inútil se o nosso querer fosse originado pelos astros e não pela nossa faculdade. Não é, portanto, possível que os astros sejam causa da nossa eleição voluntária*". Mas a razão mais profunda com que São Tomás justifica a presença da liberdade na determinação das ações humanas é outra e tem como base a possibilidade que o homem tem de avaliar os limites e as carências das coisas que se oferecem à sua atenção e, conseqüentemente, de repeli-las. Eis o seu fino raciocínio: "*A eleição humana não é necessária. E isso porque nunca é necessário o que pode não ser. Ora, pode-se demonstrar que é coisa indiferente eleger ou não partindo das faculdades de querer, ou de cumprir, esta ou aquela coisa. E disso temos a confirmação na mesma estrutura da razão humana. De fato, a vontade pode tender para as coisas que a razão aprende sob aspecto de bem. Ora, a razão pode considerar como bem não somente o querer e o agir, mas também o não querer e o não agir. Além disso, em todos os bens particulares a razão pode observar o aspecto bom de uma coisa, ou as suas carências de bem, que se apresentam como um mal; e, com base nisso, pode considerar cada um de tais bens como digno de eleição ou de fuga. Somente o bem perfeito, ou seja, a felicidade, não pode ser considerado pela razão como um mal ou um defeito. E é por isso que o homem, por necessidade, quer a beatitude e não pode querer a infelicidade e a miséria. Mas a eleição não tem por objetivo o fim, mas os meios; não diz respeito ao bem perfeito, ou seja, a beatitude, mas aos outros bens particulares. Por isso, o homem não cumpre uma eleição necessária, mas livre*" (Summa Theologiae, I-II).

Emanuel Kant (1724-1804)

Kant sustenta que a razão na sua função teórica nada possa

dizer de definitivo sobre o problema da liberdade, porque ele diz respeito à realidade como é em si mesma, enquanto o objeto próprio da razão teorética são os fenômenos. Kant afirma também que na sua função prática, ou seja, como fonte da moralidade, a razão não pode absolutamente prescindir da liberdade, porque "*sem liberdade... não é possível uma lei moral, tampouco uma imputação segundo essa lei*"[3]. De fato, "*os dois conceitos (moral e liberdade) são interligados tão inseparavelmente, que a liberdade prática se poderia também definir mediante a independência da vontade de toda outra coisa, menos da lei moral*"[4]. Mas, então, se pode provar a existência da liberdade? Não, podemos somente postulá-la. "*A liberdade de uma coisa eficiente, especialmente no mundo sensível, não pode ser de modo algum conhecida quanto à sua possibilidade (e, por isso, muito menos quanto à sua existência): somos bem afortunados se podemos ser suficientemente seguros apenas de que não há nenhuma demonstração da sua impossibilidade, e se mediante a lei moral que postula essa possibilidade, somos constrangidos a admiti-la precisamente por isso, também justificados para assim o fazer*"[5].

Jean-Paul Sartre (1905-1980)

Entre os autores do nosso tempo, o que afirmou com mais vigor a existência da liberdade foi Sartre. Segundo o célebre existencialista francês, "*o homem está condenado a ser livre... A escolha é possível em algum sentido, mas o que não é absolutamente possível é não escolher. Eu posso sempre escolher, mas devo saber que se não escolho, ainda assim eu escolho*".

O que mais distingue os homens dos outros seres é a consciência. Tem-se assim a impressão de que para Sartre a consciência é o constitutivo último essencial do homem. Pode ser verdade, mas Sartre não o diz; ele prefere afirmar que a essência do homem é a liberdade. Para sermos mais precisos, Sartre diz que aquilo que constitui (produz) a essência do homem é a liberdade, não vice-versa. Com isso ele se opõe à concepção tradicional, que via na liberdade uma das propriedades da essência humana e que tinha uma

---

[3] I. Kant. *La critica della ragion pratica*. Laterza: Bari, 1924, p. 115.
[4] Ib., p. 112.
[5] Ib., p. 112

prioridade ontológica sobre elas. Sartre é de opinião que esta concepção não explica como os indivíduos, usando a sua liberdade, formam personalidades tão profundamente diferentes; uns se tornam santos, outros assassinos; uns ávaros, outros pródigos; uns doutos, outros analfabetos. A personalidade, com todas as características da existência (essência) individual, é produzida pela liberdade, na qual é necessário, portanto, fazer consistir o constitutivo fundamental do ser humano.

Como constitutivo último, a liberdade não tem limites. "*Eu estou condenado a ser livre. Isso significa que não se pode encontrar para a minha liberdade nenhum limite que não seja ela mesma; ou, se se preferir, que não temos a liberdade de deixarmos de ser livres.*"

A liberdade não está vinculada a nenhuma lei moral; a sua única norma é ela mesma. Para a liberdade "*todas as atividades são equivalentes... No fundo é a mesma coisa embriagar-se na solidão ou conduzir os povos. Se alguma dessas atividades é superior a uma outra, não o é por causa do seu escopo real; e neste caso o quietismo do ébrio solitário é superior à vã agitação do condutor de povos*".

NATUREZA DA LIBERDADE

Para compreender a natureza da liberdade, é necessário antes de tudo estabelecer de que maneira se desenvolve o ato livre. Por exemplo, quando escolho ler um livro antes da fazer qualquer outra coisa, como chego a essa determinação?

São Tomás e muitos outros autores distinguem no ato livre três momentos principais:

- ***deliberação***: é a fase da exploração, da procura, da indagação a respeito do objeto por adquirir ou da ação por cumprir;
- ***juízo***: é a fase de avaliação;
- ***eleição***: é a fase da decisão.

Geralmente entre as três fases a distinção é muito clara, mas, de qualquer modo, as três fases são muito vizinhas, quase que juntas.

O ato livre exige, antes de tudo, que se conheça o que se quer fazer e, portanto, implica num exame cuidadoso da ação que se quer cumprir ou do objeto que se quer alcançar. É o que fazemos normalmente. Se, por exemplo, nos vem à mente adquirir um microcomputador, informamo-nos do que se trata, se é bom, quanto custa, etc.. Adquiridas suficientes informações, avaliamos os prós e contras: se vale a pena ou não, adquirir aquele microcomputador. Mas também a avaliação positiva não *comporta ipso facto* o cumprimento da ação ou da escolha do objeto, porque se pode tratar ainda de uma avaliação abstrata, que não me diz respeito neste determinado momento. Para que após o juízo se siga a escolha, é necessário que o juízo seja um juízo prático. Deve valer a pena naquele momento. Se o juízo assume essas características, então emite o ato de escolha.

O ato livre, que conclui na escolha, é um ato complexo, resultado de um diálogo entre o intelecto e a vontade. De fato, na escolha "*concorrem um elemento de ordem cognitiva e um elemento de ordem apetitiva: da parte da potência cognitiva requer-se o conselho, com o qual se julga qual a escolha preferida; por outro lado, da parte da potência apetitiva, solicita-se que seja aceito mediante o desejo da mesma forma como é julgado mediante o conselho*". Por essa razão Aristóteles deixa suspensa a questão de se a escolha pertence mais à faculdade cognitiva ou à apetitiva. Diz que a escolha é "*ou uma intelecção apetitiva ou um apetite intelectivo*". Também São Tomás pensa que o ato livre pertença substancialmente à vontade, mesmo dependendo essencialmente também do intelecto. Eis o seu raciocínio a esse respeito: "*O termo escolha implica elementos que cabem à razão ou ao intelecto, e elementos que cabem à vontade... ora, se dois elementos concorrem para formar uma coisa, um deles é o elemento formal com relação ao outro. E, na verdade, São Gregório de Nissa afirma que a eleição 'por si mesma não é o apetite e também não é o único conselho, mas a sua combinação. Como dizemos que o animal é composto de alma e corpo, não de corpo ou de alma separadamente'. Ora, é preciso considerar que um ato da alma que pertence substancialmente a uma dada potência ou a um dado hábito, recebe a forma e a espécie de uma potência e de um hábito superior na proporção em que o inferior é subordinado ao superior; se um, por exemplo, cumpre um ato de força por Deus, materialmente o seu ato é um ato de força, formalmente de caridade. Ora, é evidente que a razão é, de algum modo, superior à vontade e que ordena os seus atos, ou seja, enquanto a vontade tende ao próprio objeto segundo a ordem de razão, pelo fato de que a faculdade de conhecer apresenta à apetitiva o próprio objeto. Assim, então, o ato com o qual a vontade tende para alguma coisa que lhe é proposta como bem, sendo ordenado pela razão para um fim, materialmente é ato de vontade, formalmente da razão. Efetivamente, a substância do ato se comporta como matéria relativamente à ordem imposta pela potência superior. Por esse motivo, a escolha, substancialmente, não é um ato da razão, mas da vontade; de fato, a escolha consiste em um movimento da alma em direção ao bem escolhido. Logo, é claro que ela é um ato de potência apetitiva"* (Summa Theologiae, I/II).

LIMITES DA LIBERDADE

Um dos aspectos mais originais de Jean-Paul Sartre, é a tese do poder infinito, ilimitado da liberdade. Essa tese singular encontra apoio muito fraco entre os filósofos. São, no entanto, muito numerosos os que sustentam que a vontade humana não é nunca livre, mas sempre determinada. Essa tese é, também, refutada por uma ampla série de argumentos difíceis de serem contestados.

O homem é livre, mas não totalmente livre como quer Sartre. Que a liberdade humana seja limitada resulta dos seguintes argumentos:

◆ A liberdade não se identifica com o ser do homem, mas constitui uma propriedade fundamental dele, junto com outras propriedades também fundamentais como o viver, o pensar, o trabalhar. Por isso também a liberdade é sujeita aos mesmos limites aos quais são sujeitos o viver, o pensar e o trabalhar, porque é por eles condicionada.

◆ O homem não é livre de ser corpóreo, sociável, sexuado, etc.. Não é livre de usar a linguagem a seu bel-prazer, do contrário a linguagem não alcança mais o seu objetivo, que é o da comunicação com os outros. Para alcançar este resultado, deve-se usar a linguagem conforme os significados que lhe foram impostos e seguindo as regras estabelecidas.

◆ O homem não é livre de inclinar-se em direção ao bem: seria o suicídio da vontade e do seu ser, porque, como o intelecto tende naturalmente para a verdade, a vontade tende naturalmente para o bem. A tendência da vontade para o bem é necessária, mas natural e não forçada. A liberdade exerce-se no interior do horizonte da tendência natural em direção ao bem.

◆ O homem não pode subtrair-se a uma certa dependência do mundo, da sociedade e da história. O peso do mundo, da sociedade e da história sobre os indivíduos é tão óbvio e tão grave que alguns filósofos e sociólogos estão hoje mais propensos a denunciar o estado de profunda escravidão que se encontra a humanidade presente, em vez de exaltar a sua liberdade, como faz Sartre. Na Antigüidade e na Idade Média o maior obstáculo à liberdade humana era representado pelos "determinismos cósmicos; hoje, ao contrário, é constituído pelos "Determinismos sociais".

◆ A liberdade humana, enfim, é condicionada pelas paixões. Esse último condicionamento foi sempre tomado em consideração pelos filósofos.

Podemos encontrar tratados sobre paixões em todos os períodos da história da filosofia, tanto no grego e no medieval como nos modernos e contemporâneos. Este fato basta sozinho para testemunhar o quanto é importante uma indagação sobre as paixões, a fim de estabelecer em que medida elas podem condicionar no homem o exercício da liberdade.

CONCLUSÕES

Dissemos na introdução do nosso artigo que liberdade é um termo que usamos a todo instante, mas não conhecemos o seu significado com a devida profundidade. Isto pode ser constatado ao longo da exposição que fizemos sobre o tema.

Constatamos, ainda, a complexidade do termo e sua evolução em diferentes épocas. A cada nova concepção filosófica o entendimento foi se modificando, resultando na compreensão de que a concepção de Liberdade nos tempos atuais difere, substancialmente, da concepção que os nossos Irmãos Maçons, do século XVIII, tiveram em sua época.

Sabiamente os nossos Rituais e os preâmbulos das Constituições Maçônicas, estabelecem que a Maçonaria é uma Instituição *progressista* e *evolucionista*, cabendo, portanto, aos Maçons o dever de pesquisar e estudar todos os assuntos e questões a ela pertinentes, para não ficarem defasados no tempo e no espaço e, especialmente, nos conceitos.

BIBLIOGRAFIA

1. **CASTELLANI**, José. *Dicionário etimológico maçônico*. Londrina: "A TROLHA", 1991. v. 3.
2. **FERREIRA**, Aurélio Buarque de Holanda. *Dicionário da Língua Portuguesa*. 2ª ed. Rio de Janeiro: Nova Fronteira, 1986.
3. **GABRIEL**, L. *Uomo e mondo in decisione*. Turim: Marieti, 1972.
4. **KANT**, I. *La critica della ragion pratica*. Laterza: Bari, 1924.
5. **MONDIN**, Batista. *Curso de filosofia*. São Paulo: Edições Paulinas, 1981. 3 v.
6. _____. *O homem, quem é ele?*. São Paulo: Edições Paulinas, 1980.

∴

O Papa e o Maçom

Irm∴ João Alves da Silva
Or∴ de Maceió – AL

Na abertura da novela da Globo "Estúpido Cupido", aparece a figura de um papa. Que papa poderia figurar na abertura de uma telenovela, senão o papa que foi cognominado "O PAPA BOM", João XXIII?

Nascido a 25 de novembro de 1881, no humilde povoado de Sotto il monte, na Lombardia, norte da Itália, Ângelo José Roncalli foi batizado na mesma data de seu nascimento.

Entrou no Seminário Menor de Bérgamo com 11 anos de idade e foi ordenado sacerdote aos 23 anos incompletos. Depois de ter trabalhado no Seminário de sua diocese, foi eleito bispo em 1925 e enviado representante da Santa Sé no Oriente, onde passou 19 anos entre a Bulgária, Turquia e Grécia, até ser nomeado Núncio Apostólico em Paris, onde transcorreu o período da II Guerra Mundial e o imediato pós-guerra. Daí, 1953, foi feito Patriarca de Veneza, para chegar ao supremo pontificado, com 77 anos de idade, reunindo a experiência diplomática no Oriente e no Ocidente com o serviço pastoral numa grande diocese, como a rainha do Adriático.

Quando de sua eleição em 1958, sucedendo a Pio XII, João XXIII, por causa de sua idade, foi chamado "Papa de Transição". Entendemos essa expressão, não no sentido de uma grande transição da Igreja para os novos tempos.

No "Diário de uma alma" ele escreveu: "Este é o mistério de minha vida. Não procurem outras explicações. Sempre repeti a frase de S. Gregório Nazianzeno: "Voluntes tua pax nostra" = a tua vontade, Senhor, é a nossa paz". O mesmo pensamento está contido nos que nos fizeram sempre boa companhia (ou o seu lema): "oboedientia et paz" – "A Obediência à paz".

Disse dele um sacerdote que lhe esteve ao lado, explicando a abertura da Igreja diante dos problemas colocados pela humanidade em transformação: "O Papa é um homem que olha para o futuro, que não tem nenhum medo do mundo moderno, que sente que os problemas da Igreja, os problemas de um novo ecumenismo devem ser encarados com coragem e que é preciso correr riscos, mas – dizia ele – era Providência Divina que... guarda as nossas costas!".

Poucos meses depois de eleito papa, João XXIII surpreendia o mundo com o anúncio de um Concílio, em 25 de janeiro de 1959. Pouco depois, determinou a preparação da reforma do Direito Canônico, com um novo Código, que só foi realizada depois do Concílio e promulgada em 1983, por João Paulo II, como último sacramento da reforma conciliar. As grandes encíclicas de João XXIIII foram: "Ad Petri Cathedram" (julho de 59), "Mater et Magistra" (maio de 61) e "Pacem in terris" em abril de 63 – ano de sua morte, após cinco anos de pontificado.

Na condição de Membro Fundador da honorável Academia de Letras, Ciências e Artes Maçônicas do Brasil, desde abril de 2000, estou a ocupar a cadeira nº 01, cujo patrono é Afonso Arinos.

Guarda este sodalício a memória brasileira. Álvaro escrevendo suas lembranças afirma: "As amargas, não"!

Nós igualmente, não guardamos as memórias amargas. O passado e o presente do Nordeste aqui registramos com o romantismo do ideal, que se consubstancia no servir mais e mais a gleba comum para torná-la imperecível no futuro. Tobias Barreto falava dos homens que não se corrompiam jamais e era sempre lembrado como exemplo para gerações. FRANCISCO DAS CHAGAS DE CARVALHO NEVES era um desses incorruptíveis, cuja passagem, no recinto de todas as academias brasileiras está registrada em todos os seus recantos. Era o idealista perene, que sempre fez de sua vida o exemplo edificante que através de sua inteligência aprimorada, realizou na prática aquilo que o poeta chama de "poesia do caráter". Homem de estudos, que soube transmitir, foi Carvalho Neves um mestre invulgar. Segundo o Acadêmico Annibal Corce Core, que recebeu na Academia de Letras, Ciências e Artes Maçônicas do Nordeste, ele personifica "o professor como deve ser os que sentem na alma o dever de ensinar". Ainda, o Sapientíssimo Presidente Core, numa prenunciação do que seria a atuação do então novel recipiendário diz: "Já estou certo de que o novo acadêmico Irmão Carvalho Neves, será um dos nossos dedicados amigos, um dos expoentes de maior evidência da cultura maçônica brasileira".

Tem-se a considerar que Francisco das Chagas de Carvalho Neves, nasceu a 9 de setembro de 1946, na cidade de Parnaíba, estado do Piauí, filho de Antônio Soares das Neves e de Almerinda de Carvalho Neves. Casado com a Sra. Maria de Jesus Sampaio Neves, Administrador de Empresas pela Universidade Federal do Piauí (1973), com Pós-Graduação (lato senso) em Saúde Pública e em Administração Hospitalar. Professor na Universidade Federal do Piauí, das disciplinas: Programação Orçamentária e Planejamento Governamental, desde 1981.

Na vida maçônica foi Iniciado a 26 de outubro de 1980, na Loja Maçônica "Acácia Teresinense Nº 1.234", do Oriente de Teresina, Piauí, GOB, tendo chegado a Mestre Maçom em 1981. Editor do Boletim "Prancha Cultural" e do Jornal Maçônico "Meio Dia" do Centro de Estudos Maçônicos Augusto José Fonseca de Castro, do Grande Oriente do Piauí, GOB, de 1983 a 1987. Vice-Presidente da Academia Brasileira Maçônica de Letras, com sede no Rio de Janeiro, no biênio 1984 a 1986.

O Professor Carvalho Neves, orador eloqüente, pesquisador e planejador de elevado saber, grande cultura e deixou na região nordestina um nome que se recorda com saudade e orgulho.

Pertencente à Academia de Letras, Ciências e Artes Maçônicas do Nordeste, e a outras instituições culturais e científicas do país e do estrangeiro, Carvalho Neves, além de vários artigos publicados na Revista Cultural "A TROLHA" e na imprensa nacional, destaca-se as seguintes obras publicadas: Manual de Planejamento do Trabalho Maçônico (1889/1990). Instruções do Aprendiz – Uma Visão Global (1985/1991). O Protestantismo e a Maçonaria (1984/ 1985).

Poderíamos continuar enumerando o trabalho fecundo de Carvalho Neves. Mas, paremos aqui, já que sua imagem está permanentemente gravada entre nós. Depois de longa passagem pela vida temporal, subiu para a eternidade, aos 5 de dezembro de 2000, aos 54 anos de idade, na sua eleita cidade de Teresina que tão enternecidamente amara, até ao fim da vida.

∴

Maçonaria e Educação

Irm∴ Élio Figueiredo
Or∴ de São Paulo – SP

Devemos ter diante dos olhos esta verdade: a Maçonaria proporciona aos seus membros os meios necessários para que adquiram o saber. Infeliz do Maçom que disto não se aperceber.

***Raimundo Rodrigues** – A Filosofia da Maçonaria Simbólica, "A TROLHA", 1999*

A Maçonaria é uma instituição iniciática, filosófica, filantrópica, educativa e progressista, que tem por fim supremo a liberdade, a igualdade e a fraternidade. Conceito esse que está inserido em todas as Constituições das Potências Maçônicas brasileiras.

Analisando-se uma a uma, temos que consagrar a beleza, a perfeição e a filosofia que esse conceito encerra, como passo a comentar, em rápidas pinceladas, deixando, em razão do próprio título deste comentário, uma delas para final.

É iniciática porque, ao ingressarmos em uma Loja, passamos por uma Cerimônia de Iniciação, na qual compreendemos que devemos morrer para a vida profana, a fim de viver maçonicamente, a partir de então.

E o que é viver maçonicamente?

É lembrar-se a todo instante de nossas vidas, a promessa ou juramento feito por ocasião de nossa Iniciação, que devemos pautar nosso existir por uma dedicação à ética e à moral, atendendo aos princípios maiores dessas normas de convivência, mudando, o mais das vezes radicalmente, nosso proceder fora dos limites de nosso Templo.

> *Pergunta-se então – A Maçonaria é filosófica?*
>
> *Sim, a Maçonaria é filosófica, pois ela trata do conhecimento e da moral humana. Portanto tem um caráter antropológico e antropossófico.*

Esse conceito está na mesma obra citada acima, de nosso Irmão Raimundo Rodrigues, que coloca, de forma magistral, a razão da Maçonaria ser uma entidade filosófica.

A filosofia, enquanto ciência, trata do conhecimento humano e a Maçonaria, enquanto instituição, trata do conhecimento humano aplicado à vida quotidiana, visando nossa melhora interior, a fim de podermos colaborar, de forma eficaz, na construção de um mundo melhor, como afirmam os Maçons e os mais antigos maçonólogos.

Por outro lado, devo afirmar que a filosofia deve ser encarada como a ciência que auxilia o homem na sua busca pelo Conhecimento, pelo Saber, e não como uma matéria sem sentido, como muitos pensam, especialmente em nossas Lojas, onde muitos Iniciados supõem que a filosofia serve, apenas, para *encher lingüiça*, não tendo qualquer utilidade em nossos trabalhos quando, ao contrário, devemos optar por trabalhos mais eficazes no sentido do progresso intelectual de cada membro, que é a finalidade maior da filosofia.

De todo necessário lembrar que a Maçonaria moderna nasceu em pleno Iluminismo, ou seja, o movimento que buscou, através a filosofia, ampliar o Conhecimento, não mais se permitindo que, apenas, os mais favorecidos pela sorte, ou integrantes desta ou daquela casta, é que poderiam se utilizar dos conhecimentos adquiridos até então, sendo, mesmo, poder-se-ia dizer, a mola mestra da Maçonaria a partir do final do século XVIII.

Como se observa, é a partir do conhecimento filosófico que a Maçonaria deixa, definitivamente, de ser operativa para ser especulativa, buscando, diuturnamente, melhorar a qualidade de vida da humanidade, pelo conhecimento.

Assim, importante ter presente que nossa Sublime Instituição tem como uma de suas principais bases, a filosofia.

Quanto à filantropia, é por demais sabido que a Maçonaria tenta, de forma velada, fazer com que a mão esquerda não saiba o que a direita faz, pois, suas ações de filantropia não são mostradas ao mundo profano, a fim de não termos nossa vida templária invadida, muito menos vermos, com a benemerência alardeada, sentirem-se humilhados aqueles que recebem as benesses que distribuímos.

Entretanto, importante verificar que, na construção da frase, a filantropia vem logo após a filosofia, e assim deve ser, pois, o Maçom tem a obrigação de ajudar o próximo, sempre que necessário, muitas vezes com sacrifício de parte do seu essencial, dividindo, como a viúva pobre da parábola do Cristo, seu último centavo, como exercício maçônico.

Deixo a parte da educação para o final, por motivos óbvios.

Progressista. A Maçonaria, através a difusão do conhecimento, auxilia a humanidade no progresso, tanto científico, quanto moral, social e, mesmo, ético, o que está implícito na sua história, em especial na transformação havida com o Iluminismo que *não se constitui em uma Escola filosófica, visto que não teve um filósofo mentor, muito menos grupos de adeptos ou, sequer, um sistema total* (mm. autor, op. cit., p. 18).

Como se vê, um movimento que buscou ampliar os horizontes do Conhecimento, foi um dos pilares para a construção da Maçonaria nos moldes que hoje a conhecemos, ou seja, uma sociedade em busca do aperfeiçoamento humano.

Escrevi, acima, que a Maçonaria ***buscou*** ampliar os horizontes do Conhecimento, com o verbo no passado, vez que, na atualidade, estamos assistindo a um lento, porém decisivo caminhar de nossa Ordem no sentido da estagnação, do deixar a vida passar, para ver se algo fica melhor, no amanhã, negando, assim, qualquer validade ao ensinamento de nosso Irmão Ruy Barbosa, que muito nos legou, inclusive aquela a que me refiro: *aquele que parar para esperar que as coisas melhorem, verificará mais tarde que aquele que não parou, mas colaborou com o tempo, estará tão adiantado que, jamais, será alcançado.*

A realidade atual de nossa Sublime Instituição está muito clara, pois, o que temos assistido, nos últimos anos, é um esvaziamento de nossas Lojas, uma preocupação em trazer para nosso seio profanos que, o mais das vezes, não deixarão de sê-lo, porém, envergando nosso Avental, conhecendo nossos segredos, buscando cargos, honrarias, medalhas, faixas e outros ademanes, somente se preocupando com a quantidade e não com a qualidade do que penduram em seu peito, sem nada pendurar em seu coração, sua mente ou seu espírito, em clara negação de tudo quanto a Maçonaria ensina e seus verdadeiros adeptos pregam.

Em nossas Sessões vemos grassar a discussão estéril em razão de cargos, metais, jantares (ritualísticos ou não), festas e outras atividades, afins ou não com a Maçonaria, sem nenhum cunho prático, sem nenhuma construção social – nossa finalidade maior.

Esse estado de coisas tem de mudar, sob pena de estarmos vendo o desaparecimento da Maçonaria como instituição, como entidade que busca o aperfeiçoamento, ao menos em nosso País, como muito bem apregoava o saudoso e sempre redivivo Breno Trautwein, que recentemente se mudou para o Oriente Eterno, deixando um vazio em todos nós, que com ele convivemos por longos, profícuos e edificantes anos.

Neste ponto, mister se faz indagar: qual o papel da Maçonaria no mundo moderno, principalmente, levando-se em consideração sua atual degradação, como mencionei?

A resposta a essa indagação nos remete à educação, a última das finalidades da Maçonaria, como afirmei.

Primeiramente, para se analisar o tema, devemos refletir sobre o conceito geral e genérico de educação que, segundo consta no Dicionário Michaelis, é:

> ***educação*** *sf (lat educatione)* ***1*** *Ato ou efeito de educar.* ***2*** *Aperfeiçoamento das faculdades físicas intelectuais e morais do ser humano; disciplinamento, instrução, ensino.* ***3*** *Processo pelo qual uma função se desenvolve e se aperfeiçoa pelo próprio exercício: Educação musical, profissional etc.* ***4*** *Formação consciente das novas gerações segundo os ideais de cultura de cada povo.* ***5*** *Civilidade.* ***6*** *Delicadeza.* ***7*** *Cortesia. ...*

Tomemos apenas os conceitos de números 2, 3 e 4 acima, como aqueles que melhor se adaptam ao papel que entendo seja primordial da Maçonaria, nos dias que correm.

O aperfeiçoamento das faculdades físicas, intelectuais e morais do ser humano, o disciplinamento e a instrução ou ensino, traz, como corolário necessário, o respeito aos valores morais e éticos, tão decantados em prosa e verso, porém, não têm saído do papel e das idéias, ou seja, sem nenhum resultado prático para o ser humano.

A educação está contemplada na Constituição Federal no Título VIII, Da Ordem Social, Capítulo III, Seção I, mais especificamente no artigo 205, que determina que a *educação, direito de todos e dever do Estado e* ***da família****, será promovida e incentivada com a colaboração da sociedade, visando ao pleno desenvolvimento da pessoa, seu preparo para o exercício da cidadania e sua qualificação para o trabalho.*

Como podemos ver, o constituinte preocupou-se, sobremaneira, com a condição de educação do povo brasileiro, visando, exatamente, como consta na definição contida no dicionário mencionado, que a coloca como obrigação da **família**, ou seja, da *célula mater* da sociedade, como conceito clássico em Sociologia.

A família é o menor grupo social, porém, o que age com maior intensidade na formação das pessoas e a defesa de sua manutenção deve ser diuturna daqueles que pretendem construir uma sociedade mais justa, melhor estruturada, mais politizada; entretanto, a realidade, em especial a brasileira, é totalmente oposta a esse intuito.

A Maçonaria tem como um de seus escopos precípuos a manutenção e a valorização da família, já que nos tratamos como Irmãos, o que traduz, com toda a certeza, essa vinculação de nossa instituição à família.

Refletindo sobre o assunto, outra indagação surge: o que estamos fazendo, enquanto Maçons, pela família?

Deixamos nossos filhos e netos assistindo os filmes que a televisão transmite, cujos temas predominantes são sexo, violência gratuita e meios de se lesar os outros, afora a enorme propaganda das drogas, quando a programação deveria ser, como determina o artigo 221, I da Constituição Federal, de *preferência a finalidades educativas, artísticas, culturais e informativas.*

A televisão e o rádio ensinam o ódio e sexo, como nas novelas, a violência, como nos filmes, a desagregação da família, como na programação em geral, os programas de auditório e de confinamento em que os participantes praticam sexo diante das câmaras, discutem assuntos os mais banais, comem lagartas, são obrigados a pôr a mão em potes com animais repugnantes, dentre outros, como se esse tipo de programa instruísse alguma coisa, trouxesse algo de bom e útil para a sociedade.

A televisão e o rádio realmente ensinam; porém, será que esse *ensinar* corresponde ao que o constituinte pátrio determinou no inciso IV do mesmo artigo 222, ou seja, com ***respeito aos valores éticos e sociais da pessoa e* da família**?

E nós, passivamente, estamos permitindo que em nossos lares adentre tal programação, tudo em nome, apenas, do ***divertimento***, como se ensinar todas as coisas erradas fossem para divertir as pessoas, e não para não seguir o exemplo.

O mesmo se diga quanto à música, cuja pobreza, tanto melódica, quanto poética, estão abaixo de qualquer crítica, que comentar a respeito é gastar tempo à toa.

Quanto ao *processo pelo qual uma função se desenvolve e se aperfeiçoa pelo próprio exercício*, aquele dicionário exemplifica com educação musical e profissional, às quais eu acrescento *educação maçônica*.

O que é educação maçônica? É a educação que devemos receber nos Templos, em dias de reunião e, fora desses dias, no convívio social, em especial com os Irmãos, ou seja, discutindo temas maçônicos ou não e buscando soluções, para construir, como já disse acima, um novo mundo, uma nova sociedade, porém, não a sociedade podre e decaída que estamos assistindo nascer, onde o ódio prevalece, a violência se mantém em níveis altíssimos, tudo aliado à concentração de renda nas mãos de pouquíssimos, em detrimento da imensa maioria, que até passa fome, estando abaixo da linha da miséria.

A educação maçônica não deve ser objeto de um plano de aulas ou de obediência a critérios rígidos de didática, mas deve ser o vivenciar a Loja e os ensinamentos maçônicos, não só nos dias de Sessão, mas todos os dias, absorvendo as lições de liberdade, igualdade e fraternidade, principalmente este último, que é o mais difícil de se praticar.

A última das concepções de educação a que me propus comentar, é aquela inserida no item 4 do conceito, que é a *formação consciente das novas gerações segundo os ideais de cultura de cada povo*, finalidade maior de cada pai ou mãe, ao educar seu filho.

Se voltarmos, novamente, os olhos para a Constituição Federal, vamos ler, no seu artigo 225 – Capítulo do Meio Ambiente – que a responsabilidade pelo meio ambiente ecologicamente equilibrado é do governo como um todo, juntamente com a sociedade civil; porém, tal responsabilidade deve garantir a qualidade de vida das atuais e *futuras gerações*.

Ora, o constituinte previu, ante a situação ambiental – já calamitosa à época da discussão do texto constitucional – que a obrigação de conservar o meio ambiente deveria garantir a qualidade de vida daqueles que nós, hoje, não temos certeza se virão ao mundo ou não, mas, a lei ampara, vez que o mundo caminha, a passos largos, para sua destruição, como assistimos a todo momento.

A degradação do meio ambiente, como tudo o mais, decorre da política econômica que impera no mundo, qual seja, a da extrema ganância, do desperdício, da pior distribuição de renda a que já se assistiu, dentre outras, sempre em nome do ***conforto e boa vida*** de uns poucos, que não abrem mão de seu luxo, de seu supérfluo, de seu exagero, para conservar o meio ambiente, de cuja manutenção depende a raça humana.

Entretanto, não é só no meio ambiente que se deve pensar para o futuro, mas, e principalmente, nas questões éticas e morais, pois, da mesma forma que a destruição do ambiente está minando o mundo, estas outras questões devem ser postas, e com urgência, pois, o que estamos assistindo no mundo de hoje, com a televisão ensinando a imoralidade, a desonestidade nos negócios, incentivando o consumo desmesurado, transmitindo – quase exclusivamente – filmes de violência, sorteios (que acendem nas mentes menos avisadas a ambição do lucro imediato e desmesurado), etc., está colaborando decisivamente para a total destruição do homem sobre a face da Terra.

Como decorrência da insensatez do mundo moderno, em que o **TER** vale muito mais do que o **SER**, não importa a que preço ético, moral ou social, assistimos à ruína da pessoa humana, o arrasamento dos meios de sobrevivência digna do ser humano, com a escravização econômica dos mais pobres pelos mais ricos, além da pior escravidão que se conhece: a cultural, em que a educação formal (das escolas) fica restrita a determinadas matérias, excluídas aquelas que ensinam as pessoas a pensar, como vem ocorrendo em nosso País.

Segundo consta, dentre as imposições do Fundo Monetário Internacional (ou do Banco Interamericano de Desenvolvimento) para empréstimos ao Brasil, mister se fazia diminuir – se não extinguir – o ensino de Filosofia e da Sociologia, além da sensível diminuição do número de horas-aula de História e Geografia, o que é, no mínimo, uma odiosa interferência em nossa soberania e em nosso Bem-Estar, em especial o do futuro, como vimos, sempre, pregando.

Para não mais alongar estes comentários, deixo um alerta: será que os Maçons (não a Maçonaria que ela nada pode fazer) estão cumprindo com a promessa ou com o juramento feito por ocasião da Iniciação, para, em verdade, melhorar o homem, ontologicamente concebido?

Nos dias que correm, infelizmente, a resposta é negativa, por isso fica aqui a minha revolta, o meu alerta, para que os Maçons abram seus olhos e vejam, com clareza, a realidade que nos cerca, buscando, de maneira objetiva e com menos falatório inútil, agirem com firmeza no sentido de melhorar a vida sobre a Terra, construindo uma sociedade melhor, mais justa e mais perfeita, para que, no futuro, o termo **MAÇONARIA** não seja, apenas, mais um verbete nas enciclopédias e nos livros de História.

BIBLIOGRAFIA

1. RODRIGUES, Raimundo. A Filosofia da Maçonaria Simbólica. Londrina: "A TROLHA", 1999.

∴

As Origens da Maçonaria Especulativa

Irm∴ Antonio Rocha Fadista
Or∴ do Rio de Janeiro – RJ

Para pesquisar este complexo tema faz-se necessário examinar algumas lendas enraizadas no imaginário maçônico, para as quais não existe nenhuma comprovação documental.

A primeira delas descreve o nascimento da *Maçonaria Especulativa* como sendo a descendente direta da *Guilda de Ofício,* que teria deixado entrar os *não operativos ou aceitos* em suas Lojas.

Estes novos membros acabariam por dominar a guilda de ofício, não só em número mas também na sua administração, transformando-a na organização maçônica que conhecemos a partir de 1717.

Sem dúvida, a Maçonaria moderna muito deve à instituição chamada de *Venerável Companhia* dos *Maçons Livres da Cidade de Londres,* como era chamada nos documentos oficiais da corporação, que reunia os que praticavam a arte de construir. Não é sem razão que a instituição atual é a sua sucessora, quase sem mudanças, no nome e em muitos dos seus princípios de governo.

A Maçonaria atual herdou os nomes dos Oficiais e dos Dignitários mais importantes, o método de auto-sustentação financeira, a taxa de admissão e outros usos que, a bem da verdade, eram típicos de todas as corporações medievais. Entretanto, tudo isto não explica por que os não operativos teriam solicitado a sua admissão, especificamente nesta corporação de ofício.

Uma explicação inicial, que Anderson foi buscar na Antigüidade, consistiria no fato de que a admissão à corporação era atrativa em termos de "status" social, ou seja, por ser "um símbolo de distinção", como atualmente o é a admissão em associações tipo Rotary Club.

Assim sendo, tratar-se-ia da atração que uma Companhia de Ofício, rica e poderosa, teria exercido sobre os homens que profissionalmente não pertenciam à corporação. Na realidade, isto é altamente improvável. De fato, devemos considerar que já no início do séc. XVII a Companhia tinha perdido toda a sua importância e poder efetivo. Qual seria então a atração que uma corporação em declínio poderia exercer sobre homens em busca de realizar as suas ambições sociais?

Uma segunda explicação sustenta que os *não operativos* foram atraídos para a corporação devido aos segredos esotéricos que esta possuía. Aqui também, devemos ressaltar que não existe nenhum documento das Lojas operativas que ateste a existência de qualquer tipo de mistério que não fosse aquele ligado aos *segredos da profissão,* do mesmo tipo que se podiam encontrar em qualquer outra corporação do gênero.

A propósito, recordamos a suposta existência, na Inglaterra, de um grupo da chamada sobrevivência operativa, com um Ritual com Sete Graus, que dividiam os Irmãos, conforme o Grau, em *Maçons do esquadro e Maçons do arco,* hipótese tão cara a René Guénon, e que é uma mistificação que apareceu no início do século XX.

No que se refere à assim chamada *Compagnonage,* organização que só existiu na França, e na qual os Maçons não tinham a predominância, sabe-se que a sua parte ritual e esotérica é posterior à da Maçonaria Especulativa.

Quanto aos famosos Mestres Comacinos, não existem documentos que atestem que tenham existido sob a forma de corporação. Os éditos longobardos que os mencionam são dos séc.

VII e VIII, enquanto que os sistemas corporativos, com os seus juramentos, só aparecem no início do séc. XII. Os artigos dos éditos de Rotari e de Liutprando, falam somente dos regulamentos a serem aplicados nos casos de eventuais acidentes no exercício da profissão de construtor. Falam também das compensações a serem atribuídas aos acidentados ou às suas famílias. Por outro lado, não se encontra nestes éditos nada que possa sugerir algo de misterioso ou esotérico na profissão dos Mestres Comacinos.

Não se conhece nenhum documento medieval das Guildas ou Corporações de Ofício que mencione qualquer forma de ensinamento esotérico, partilhado por seus membros. Especificamente em relação à Inglaterra, ninguém que já tenha lido os manuscritos *Regius,* Cooke, etc., encontrou neles quaisquer segredos, a não ser os relativos à profissão, a par de uma forte influência cristã, além de atenção dispensada aos problemas práticos, econômicos e referentes à administração do pessoal operativo.

Assim sendo, não se conhece nenhum documento que contenha referências àqueles que são os pontos fundamentais do esoterismo maçônico atual, ou seja: Palavras, Templo, Hiram, Lenda do Terceiro Grau ou similares. Na realidade, todos os documentos afirmam exatamente o oposto, isto é, que ***só depois do ingresso de membros não operativos, ou seja, no séc. XVII, começaram a encontrar-se indícios de algo misterioso no interior da corporação***. A propósito, mencionamos algumas datas:

Já nos anos de 1520/21 os registros contábeis da corporação mencionam pagamentos efetuados por alguns membros e oficiais operativos, que tinham sido *feitos Maçons Aceitos*. É de ressaltar que alguns membros aceitos eram já membros "ativos e quotistas" da Corporação de Ofício. Deste modo, estamos diante de acontecimentos exatamente opostos àqueles que sempre se supôs acontecerem, isto é, são os membros operativos que são admitidos entre os *Aceitos*, e não o inverso.

De tal fato, podemos supor a existência de uma estrutura organizativa independente. Assim, fazer parte da organização operativa não significava pertencer automaticamente à organização especulativa.

Outro fato significativo é que nos anos de 1655/56 a Companhia de Ofício decidiu retirar a palavra *freemasons (Pedreiros Livres)* de seu título, passando a chamar-se somente *Companhia dos Maçons,* visando adequar a sua razão social, de modo a legitimar a nova organização surgida em seu interior.

O certo é que os primeiros sinais dos não operativos são todos posteriores ao início do séc. XVII. Na Escócia, Edimburgo, os primeiros registros aparecem em 1634. Em Atchison's Haven, em 1672, 1677 e 1693. Em Kilwinning, em 1672. Em Aberdeen, em 1670.

Em relação à Inglaterra, já em 1621 os registros comprovam a existência de uma Sociedade de Maçons, em conjunto com a corporação de ofício regular. Esta nova sociedade recebia capitações para admitir Maçons *Aceitos*, tanto dos construtores de ofício, já membros da corporação, quanto de homens que não tinham nenhuma relação nem com a profissão, nem com a corporação.

Deste modo, é bastante razoável admitir que, durante o séc. XVII tenha sido constituída uma *fraternidade oculta* dentro da corporação profissional. Os seus membros ditos *Aceitos*, seriam os efetivos possuidores do esoterismo e de boa parte da ritualidade que nos é hoje conhecida. Os membros desta nova fraternidade foram gradativamente assumindo a sua condição maçônica em relação ao público externo, a partir da segunda metade do mesmo século.

A partir deste ponto, devemos pesquisar a origem deste novo grupo, a data de sua constituição, o seu conteúdo filosófico e esotérico, os seus fundadores, e o motivo pelo qual decide ocultar-se dentro da corporação dos construtores.

Todos os pesquisadores concordam em que o esoterismo maçônico, com a sua tradução e Rituais, Símbolos e Ensinamentos, é uma criação desenvolvida ao longo de algumas dezenas de anos, e é obra dos *Especulativos*. Quem seriam então os homens que possuíam este tipo de conhecimentos? Sem dúvida, eram homens de condição social média/alta, pertencentes à burguesia iluminada e que, nos dias de hoje poderiam ser chamados de "liberais".

Eram pesquisadores e estudiosos das culturas da Antigüidade, colecionadores de manuscritos e de livros raros. Muitos eram membros da Sociedade Real. Fazia também parte do seu projeto social a difusão do conhecimento científico, visando melhorar as condições de vida das populações mais humildes. Sob o ponto de vista religioso, numa época tão conturbada da história da Europa (a

Inquisição) estes homens manifestavam uma forte tendência para a tolerância, a partir de um forte teísmo do tipo judaico-cristão.

Uma característica muito importante são as relações que muitos deles tinham com os sobreviventes do movimento Rosa-cruz da Alemanha, que se refugiaram na Inglaterra depois da dissolução do reino da Boêmia, em 1619. Os primeiros documentos que atestam a existência dos Aceitos são datados de dois anos depois, isto é, 1621. Deve-se notar que a Inglaterra era, na Europa, o único país que os colocaria a salvo dos processos e dos autos de fé da Inquisição Católica.

Apesar da relativa segurança, a situação na Inglaterra estava em transição e ainda era bastante perigosa a divulgação dos conhecimentos esotéricos, filosóficos e sociais que os havia inspirado. Nestas condições, era altamente atraente a oportunidade de se ocultarem dentro de uma organização que permitisse manter o ensino não ortodoxo, bem como a sua transmissão de modo velado. O simbolismo geométrico-arquitetônico era utilizado para exprimir o conteúdo do conhecimento esotérico e filosófico.

Assim, nada melhor para assegurar a continuidade da transmissão velada deste conhecimento do que a utilização de uma corporação de ofício em declínio e de fácil utilização. Deste modo, a mensagem rosa-cruz foi introduzida na corporação dos Maçons ingleses, com a criação de Rituais que asseguraram a sua sobrevivência e sua transmissão futura.

Esta mensagem tinha duas componentes: uma exotérica e outra esotérica. A primeira é facilmente reconhecida e ainda hoje é uma das colunas do ensino maçônico. Propõe a tolerância religiosa, a ação social em favor dos necessitados, a difusão da cultura, a preferência pelos sistemas democráticos de governo, a aversão por toda a forma de despotismo, o compromisso com o social em todas as suas formas, e a obrigação de manter um comportamento ético irrepreensível.

A componente esotérica e metafísica começa a ser conhecida com o aparecimento dos Aceitos. Inicialmente se tem conhecimento da expressão *Palavra Maçônica,* cujo significado era desconhecido e cujo segredo os Aceitos defendiam de maneira quase feroz. A esse respeito, Henry Adamson escreveu em 1638: Nós *temos a Palavra Maçônica e a segunda vista.* Randle Home assim se expressava em

1640: *Existem muitas palavras e Sinais Maçônicos que vos serão revelados e de cujo segredo vos pedirei contas diante de Deus, no grande e terrível dia do juízo final. Deveis manter sempre* o segredo *sem revelá-lo a ninguém, a não ser aos mestres e companheiros da Sociedade dos Maçons.*

Além disso, encontramos referências nos juramentos de que essa *Palavra* jamais devia ser escrita, nem sequer na areia, sob pena de terríveis punições. Assim, parece certo que esta palavra devia consistir de algum tipo de conhecimento que nunca foi revelado. Neste ponto, é inequívoca a influência rosa-cruz. Vejamos ainda alguns pontos que ajudarão em nossas conclusões:

Analisemos em primeiro lugar as características do Maçom Aceito mais famoso do séc. XVII. Referimo-nos a Elias Ashmole, Iniciado em Warington no dia 16 de outubro de 1646, aos 29 anos, como consta em seu próprio diário, no qual o termo usado não é "Iniciado" mas "aceito". Em outro de seus diários ele escreveu, a 13 de maio de 1653, que seu padrinho na Ordem, o senhor Blackhouse, lhe revelou no leito de morte, *por sílabas,* o nome da matéria da Pedra Filosofal. Em 1663 tornou-se um dos primeiros *companheiros* da Sociedade Real.

O segundo ponto a ressaltar consiste nas freqüentes referências, nos Rituais, à assim chamada *Lenda Críptica* e suas conexões com o simbolismo do Templo de Salomão. Lembramos que o Ritual Maçônico do Grau de Aprendiz, na forma em que o conhecemos, foi desenvolvido e aperfeiçoado ao longo da Segunda metade do séc. XVII e, provavelmente, nas primeiras décadas do século seguinte.

Em paralelo, ocorreu o desenvolvimento dos Graus superiores ao de Mestre. No que se refere à Lenda do Templo e à Cripta subterrânea, trata-se de uma antiga versão de uma lenda Alquímica, mencionada nos manifestos rosa-cruzes.

Devemos ainda lembrar que a definição de Deus como *Grande Arquiteto* do *Universo,* não é, como se poderia pensar, de origem maçônica, mas sim de origem alquímica-rosa-cruz. L'Andrea, conhecido por ter divulgado os Manifestos Rosa-cruzes em Londres, já usa esta expressão em um trabalho de 1623. Portanto, muito antes do desenvolvimento dos Rituais Maçônicos.

No que se refere ao sistema Ritual que contém o Real Arco, muito apreciado pelos Maçons, deve-se assinalar que a lenda críptica é repetida em várias versões e que as referências alquímicas nos Graus Superiores ao terceiro são bastante explícitas, sem esquecer que um dos Graus mais importantes do sistema é o Príncipe Rosa-Cruz.

Assim, pode-se concluir que o ensinamento dos Aceitos fosse a Alquimia, com todas as suas conseqüências operativas, filosóficas e metafísicas. Neste caso, a evolução do Ritual e do simbolismo durante o séc. XVIII foi a maneira encontrada para manter vivo e compreensível todo este acervo de conhecimentos, cujo objetivo maior é o aperfeiçoamento moral e espiritual do gênero humano.

BIBLIOGRAFIA

1. BATHAM, C. N. The Compagnonage and the Craft.
2. CARR, Harry. The Transition from Operative to Speculative Masonry.
3. CONERY-CRUMP, W.W. Medieval Masters and their Secrets.
4. HISTORIAE Patriae Monumenta. Edita Langobardorum.
5. JONES, Bernard. Freemasonry.
6. ROTTENBURG, R.H.S. The pre-eminence of the Great Architect in Freemasonry.
7. YATES, F. A. The Rosicrucian Enlightenment.

∴

O Positivismo e a Maçonaria

Irm∴ Oswaldo Ortega
Or∴ de São Paulo – SP

No "O Estado de S. Paulo" de 11/10/98, Regis Debray, jornalista francês que – se eu não estiver enganado – lutou junto com "Che Guevara" na Bolívia, discorre sobre a solidão de Augusto Comte (Isidore August Marie François Xavier Comte) nas comemorações dos seus duzentos anos de nascimento, 1798/1998.

Nesse artigo, são colocados alguns conceitos do Positivismo, Escola Filosófica materialista, adotada por grandes nomes da intelectualidade mundial de então, com muita aceitação no Brasil pelos principais governantes da nascente República Brasileira, quase todos, Maçons e Positivistas.

Num encontro cultural em Londrina promovido pela "A TROLHA", comemorativos aos 200 anos da revolução francesa, em 1989, perguntei a um escritor ali presente, se o Positivismo não se contrapunha aos princípios maçônicos.

De abrupto, respondeu-me... Não!... Silenciei.

Havia neste meu silêncio uma não concordância com a resposta recebida.

O tempo passou e agora acompanhando o noticiário comemorativo em referência, retornamos a questionar o mesmo assunto daquela ocasião.

Ao término deste trabalho os leitores tirarão conclusões, se tem procedência a minha não concordância.

Vejamos o que diz o "Estadão".

> *A casa de Clotilde Vaux, amante do filósofo e hoje transformada em Museu, denominada de "Capela", adquirida e paga por mecenas brasileiros, ostenta no frontispício o dístico, "O AMOR COMO PRINCÍPIO, A ORDEM COMO BASE E O PROGRESSO COMO FIM".*

No alto ao fundo, no coro, existe um painel onde está pintada uma sílfide carregando uma criança nos braços, representando a Humanidade carregando o Futuro. Na viga horizontal, três palavras consagram o pensamento desta escola filosófica; PÁTRIA, HUMANIDADE E FAMÍLIA. *Confrontam-se para efeito de correspondência com outras três colocadas na viga da frente:* INDÚSTRIA, MORAL E POLÍTICA.

Parece-me que já li em algum lugar, o dístico Positivista como sendo de aceitação e adoção pelos De Molay.

Deve ser notado no dístico seguinte, a inexistência da palavra Deus.

Ele é quase igual ao formulário de perguntas, que é dado ao Candidato na Câm∴ de Reflex∴, onde o homem (quais os deveres para consigo?), e a humanidade (quais os deveres para com o próximo), são questionados à luz do conhecimento sociológico.

Pergunto: não estaria aí, um resquício influenciador dessa filosofia materialista, existente na Vertente Latina (francesa) pelos seus diversos Ritos, e dissimulada no questionamento dos deveres do Candidato para com Deus, cuja resposta para o sim ou não, em nada alteraria a aceitação do Candidato, naquela vertente?

A troca da expressão Humanidade para "o Próximo", não lembraria o mesmo dístico?

Lembre-se que a Religião Universal do Positivismo dispensa Deus.

Na Arte Real, pela visão anglo-germânica, Deus é "Grande Causa Primeira e Última da nossa razão de Ser, porém a esse fim último, o nosso trabalho tem por proposta "tornar feliz a humanidade, pelo amor, pelo aperfeiçoamento dos costumes, pela tolerância, pela igualdade e o respeito à crença de cada um".

Respeitar a crença de cada um não quer dizer adotá-la.

Ora, a Maçonaria em relação ao Positivismo, respeita-o, porém não o Adota devido a parte em que este "Teológica e Metafisicamente" não aceita Deus.

Numa análise comparada, muitos dos pontos fundamentais dessa Escola de Pensamento, são aceitos pela Maçonaria.

Como a própria Ciência Sociológica Comtiana, não analisa os grupamentos humanos de "per si" e sim na sua interação junto à sociedade como um todo, da mesma forma a Arte Real não aceita aquele que não esteja filosoficamente "inteirado" a todos os seus fundamentos.

> (continuemos com o jornal) – *Na parte oriental sobre um estrado de madeira, existe um Altar sem clérigos e por sobre este, uma URNA de vidro vazia, como querendo mostrar que o Universo é um vácuo.*
>
> *Há ainda referenciamentos a "três cérebros no indivíduo, três Anjos em torno do Precursor(?), três idades na História, três faculdades no Homem (afetividade, atividade e inteligência) e três estados da Ciência.*
>
> *Pelo visto, a Santíssima Trindade (a sua maneira) deixou marcas na parede.*
>
> *Augusto Comte morreu em 1857.*
>
> *ORDEM E PROGRESSO foi uma outra sua Divisa.*

Dá para ser melhor compreendidas agora, as razões que levaram os republicanos elaboradores da atual bandeira brasileira, a adorná-la com o dístico acima.

Com a Proclamação da República, os dirigentes do novo sistema de governo buscariam dar ao povo uma estabilidade social.

Uma vez alcançada essa meta, aí então todos seus esforços abrangeriam o avanço industrial.

Do resultado dessa interação, haveria uma nação, cultural e economicamente mais forte.

Esse poderia ser o resultado, do, e, pelo entendimento da palavra ORDEM.

Na Maçonaria, seu afiliado deve ser absolutamente respeitoso à ordem estabelecida.

No Positivismo como tese, a Ciência Sociológica, por um dos seus vários segmentos, destacaria a educação, a obediência, e o respeito às instituições, em função das normas existentes.

Da harmonia resultante entre os múltiplos grupamentos sócio-culturais, que pelo caldeamento de diversas raças, geraram a nação brasileira, haveria a partir de um governo positivista um Estado tranqüilo.

A tranqüilidade geraria uma situação fácil para bem governar, e fácil também a um melhor acompanhamento por parte das autoridades, ao avanço da ciência, e com isso proporcionaria o progresso do povo tornando o país administrado ao influxo do Positivismo, em uma nação feliz.

Poderia ter sido este, como já dissemos, o pensamento simbolizado na bandeira como uma exortação ao povo brasileiro na relação esclarecedora do "Ordem e Progresso". No que se refere a esta última expressão, **Progresso**, a Maçonaria mesmo tendo respeito pela evolução natural do homem e da humanidade, ela absolutamente não se desliga da "sua razão de ser", o seu, "princípio primeiro", que é a tradição.

Diz ainda o "Estadão":

> *Na sua Religião da Humanidade, previa ele para o Ano 2000, a união de três raças como sejam: a branca pela inteligência, a amarela pela ação e a negra pela sensibilidade.*
>
> *Aí então, a interação do seu Ecumenismo seria um fato.*

A Maçonaria indutoriamente vem praticando esse ecumenismo desde a sua fundação por diversos meios, sendo o principal deles, a imposição de uma fraternal convivência, a começar pelo tratamento de "Irmão" entre os seus membros.

> *Seu Calendário, tinha 12 meses com 28 dias, e um com 29 (13x28=364+1=365) e embora começasse pelo dia 1º de janeiro do ano da Tomada da Bastilha, 1789, seus nomes eram: 1 – Moisés, 2 – Homero, 3 – Aristóteles, 4 – Arquimedes, 5 – Cézar, 6 – São Paulo, 7 – Carlos Magno, 8 – Dante, 9 – Gutemberg, 10 – Shakespeare, 11 – Descartes, 12 – Frederico, o Grande, 13 – Bichat, o médico.*
>
> *Os dias da semana desse Calendário também tinham*

outros nomes a saber, segunda-feira Prometeu, terça-feira Hércules, quarta-feira Orfeu, etc., etc.

Esse Calendário cultural, histórico científico de Comte, no nosso entender, trata-se de uma Cosmogonia.

Convém lembrar, que a Ordem também tem a sua vida cosmogônica pela analogia dos seus 4000 anos a. C., adicionado aos d. C. e os "primeiro ou segundo dias, do primeiro ou segundo mês, do ano da Verdadeira Luz", cujo começo se dá exatamente no dia 21 de março, cientificamente, ponto Gama e início do Ano Solar.

Percebe-se atrás de Comte por seu Calendário, a intenção indutora a um auto-didatismo, quer quanto à história, quer quanto aos nomes que marcaram a humanidade em seu avanço ao conhecimento.

Aliás, esta Escola de Pensamento, intelectual e intelectualizadora por excelência, estava muito mais para os Doutos originários da Sourbonne do que para as células das portas de fábricas francesas.

Não é de se estranhar pois, a sua adoção pela Maçonaria brasileira dos primórdios republicanos, uma verdadeira elite cultural, mas é para se estranhar sim, que essas elites desconhecessem a preconização da vertente maçônica inglesa, que impunha para ser um legítimo Maçom, a crença no G.·. A.·. D.·. U.·. que era e é Deus por sua verdade revelada.

Isto posto, vê-se claramente ser o Positivismo, a antítese da condição de ser do Maçom na sua interação devido a não aceitação do maior dos seus Landmarques.

Vejamos mais ainda sobre esta Escola de Pensamento na abalizada análise do Padre Leonel França S. J., no seu "Noções de História da Philosophia".

> *O Positivismo nasceu como corrente de pensamento (ou renasceu como materialismo) com esse rótulo no século XIX, aos influxos das reações espiritualistas às já existentes correntes materialistas e revolucionárias que grassaram após o ano de 1789.*
>
> *O seu creticismo dá as mãos ao sensualismo de Kant quando não reconhece valor em verdades que possam ir além do senso empírico experimental.*
>
> *Augusto Comte, que nascera em 1798, já em 1826*

interrompeu seus estudos de filosofia em virtude de um ataque de loucura que teve a essa época.

Curado, de 1830 a 1842 publicou seu Curso de Philosophia Positiva em seis volumes.

Em 1845, numa 2ª fase intelectual, toda ela de puro misticismo e fetichismo, publica em quatro volumes sua obra maior dessa época: A Política Positiva.

Logo adiante publicou A Síntese Subjetiva e Catecismo Positivista, que são também obras complementares deste segundo período.

Faleceu em 1857.

Seu dogma central é este "Só o sensível é objeto do conhecimento". "Só o sensível é real."

A seguir, em linhas gerais, ainda nossos comentários em uma série de informações sobre essa Escola de Pensamento baseado em dados fornecidos pelo já citado livro do Padre Leonel.

O mundo real é um encadeamento de fenômenos da natureza produzidos por causas com seus efeitos.

O que é efeito hoje pode ser causa amanhã.

Por esses fenômenos, uma vez elucidados cientificamente pela experiência, ter-se-á aí o real ou a verdade ditada pelo sensível, cujo resultado a "priore" será sempre o mesmo a "posteriori".

Da própria natureza, ou seja, da sua essência, o homem tudo ignora e ignorará sempre a não ser aquilo que for provado pelo sensível.

A Metafísica é impossível no pensamento de Comte.

Na sua Lei Sociológica dos Três Estados (ou estágios) de Consciência da Humanidade, num 1º período, o homem primitivo, no desenvolvimento do saber, tinha dentro do seu limite para a época, a aceitação como verdade, o resultado de fetiches pelos seus Totens anímicos e daí o politeísmo.

Esse 1º Estado ou estágio, deve ser considerado provisório.

Pela sua evolução, na Idade Média, desapareceria o fetiche não se tornando mais necessários os diversos deuses.

A Humanidade atingiria então um 2º Estado de consciência em seu avanço ao conhecimento.

Os deuses cederiam lugar ao Deus único, imposto pelas igrejas, mesmo porque a filosofia que havia adentrado para os mosteiros, seria por 700 anos "presa" pelos sacerdotes.

Esta etapa para Comte não passaria de ser apenas transitória.

Descartes e Bacon romperiam com o passado dos Escolásticos.

A razão crítica de Kant, fulminaria os fantasmas metafísicos.

O Renascentismo e o Humanismo dariam as mãos no antropocentrismo.

A figura de Deus, de criador, passaria a ser criatura do homem, eis que ele, pela própria consciência do existir, se situaria no centro do universo.

A Ciência passaria a provar verdades até então inconcebíveis.

Nasceria aí o 3º Estado de Consciência do Homem, que seria o centro do conhecimento.

Sua Santíssima Trindade materialista, seria composta pelo – Grande Ser, = a Humanidade como um todo – Grande Meio = O Vácuo – Grande fetiche = A Terra, tendo por altar um cubo de vidro, destapado e vazio, símbolo do Grande Vácuo ou o nada relativo já que o nada absoluto não existe.

A humanidade que teve um temporário princípio, evoluiria a um transitório amadurecimento, e no seu final definitivo (segundo Comte), iria estacionar para sempre no Positivismo, também denominado de Filosofia Científica.

Termina o Padre Leonel afirmando: *"O único bem que ficou de Augusto Comte, foi um mais acurado exame dos fatos fenomênicos, uma maior agudeza nas análises dos acontecimentos sociológicos e um rigor maior nas experiências científicas. O resto, de positivo mesmo, o próprio tempo engoliu".*

Na Barsa, fica gravado para todo o sempre a informação de ser Augusto Comte um intelectual realmente de cultura enciclopédica.

Dizia ele que sendo imutáveis as leis da natureza, por elas é possível que se façam cálculos e se possa até cientificamente se prever o futuro.

Ao seu tempo, provocou uma revolução no pensamento humano, e empolgou por toda metade final do século XIX, as elites culturais da Europa e do Brasil.

Na seqüência, mapa orientador da Lei dos Três Estados, um

organograma, que presidiu na visão Positivista científica, o desenvolvimento da Humanidade.

Primeiro Estado	Segundo Estado	Terceiro Estado
Provisório	Transitório	Definitivo
Teológico	Metafísico	Posivista-Verdade científica
Divindades Primitivas	Deus único	Antropocentrismo
Politeísmo	Monoteísmo	Humanismo – o relativo
Povo primitivo inculto	Idade Média	Filosofia Moderna
Fetiches	Faculdade da alma	Afinidades químicas
Animismo primitivo	Forças ocultas	O absoluto
Amor humanitário	Ordem	Progresso
Moral	Indústria	Política
Pátria	Família	Humanidade
Raça Negra = afetividade	Raça Amarela = Ação	Raça Branca = Inteligência

Dizia Comte: *"Filosofia não é algo diferente da Ciência, porque só a Ciência pode ir penetrando os aspectos do mundo acessíveis a nossas experiências"* (Enciclopédia Barsa).

Contesta Spencer: *"Enquanto a Ciência procura pela experiência a verdade a si adjacente – as causas próximas –, a Filosofia busca a causa primeira e última do universo"*.

A Ciência, que no princípio abarcava tudo, na visão positivista, por bi e trifurcações, em seus diversos segmentos, passou a se resumir em Seis, a saber: 1. Matemática – 2. Astronomia – 3. Física – 4. Química – 5. Biologia – 6. Sociologia.

As cinco primeiras para Comte, foram inteiramente estabelecidas. A Sociologia não. Estava dividida em Estática e Dinâmica.

Pela Estática se buscava o "equilíbrio social" e pela Dinâmica se investigava cientificamente as leis do progresso.

Interessante a comparação, pois na Maçonaria em seu avanço ao Grau de M∴ M∴, o Candidato tem por meta ainda no Grau de Comp∴, o domínio do Conhecimento representado pelas Artes Liberais do Trivium e Quadrivium totalizando sete ciências a saber: Retórica, Lógica e Gramática, – Matemática, Astronomia, Música e Geometria.

Ao encerramento deste trabalho, que é um mínimo do muito que o Positivismo envolve como tema de discussão, para se corrigir possíveis deslizes aqui ocorridos, seriam interessantes outros ensaios, dentro do mesmo tema.

Evidentemente que é uma matéria difícil de ser exposta pela multiplicidade de deprendimentos a que se pode chegar, numa mesma linha filosófica.

Porém, não deixa de ser interessante uma análise comparada entre a nossa Ordem e esta escola de pensamento.

Ambas sofreram forte influência do Renascimento e do Humanismo.

Nós ficaríamos felizes, se este campo Positivista, como um foco de saber, tivesse pela contestação, uma maior ampliação.

∴

Enciclopédia BARSA. A Sociologia congrega a interação social no todo e não grupos e indivíduos passíveis estes de estudos em ciências e campos específicos. O termo Sociologia foi criado por Comte.

Enquanto que num corpo, os organismos, todos contribuem a sua interação, na visão sociológica de Comte, é a Sociedade como um todo, que deve contribuir a uma vida harmônica em todos os segmentos que a compõem.

A Evolução direciona-se, da família em si para um clã, deste para a comunidade, desta para o Município, Estado e Nação. Alguns brasileiros positivistas: Benjamim Constant – Julio de Castilho – Borges de Medeiros – João Pinheiro – Silvio Romero e outros.

∴

A Ordem na Visão de Fernando Pessoa

Irm∴ Antonio Alves Rodrigues Calado
Or∴ de Salvador – BA

Com o intento de fazer mais conhecidas entre nossos Irmãos as idéias de Fernando Pessoa, um dos maiores escritores portugueses contemporâneos, e de todos os tempos, que nunca foi Maçom, mas que tinha um profundo conhecimento das coisas da Ordem, como, aliás, também o tinha sobre espiritismo, esoterismo, ocultismo, paganismo, Cristianismo e muitos outros campos do conhecimento humano, aos quais um homem pode chegar, não por pertencer a qualquer deles, mas simplesmente por muito estudá-los, desejo dar a contribuição que se segue, esperando que seja do agrado de todos. Avaliando um projeto do deputado José Cabral de Lisboa, cuja finalidade era suprimir a Ordem em Portugal, assim se expressou, através do Diário de Lisboa, jornal dos mais respeitados do país:

> *Estreou-se a Assembléia Nacional, do ponto de vista legislativo, com a apresentação, por um deputado, de projeto de lei sobre "associações secretas". De tal ordem é o projeto, tanto em sua natureza como em seu conteúdo,*

que não há que felicitar o atual Parlamento por lhe ter sido dada essa estréia. Antes há que dizer-lhe Absit omen!, ou seja, em português, Longe vá o agouro!.

Apresentou o projeto o Sr. José Cabral, que, se não é dominicano, deveria sê-lo, de tal modo o seu trabalho se integra, em natureza, como em conteúdo, nas melhores tradições dos Inquisidores. O projeto, que todos terão lido nos jornais, estabelece várias e fortes sanções (com exceção da pena de morte) para todos quantos pertençam ao que o seu autor chama "associações secretas, sejam quais forem os seus fins e organização".

Dada a latitude desta definição, e considerando que por "associação" se entende um agrupamento mais ou menos permanente de homens, ligados por fim comum, e que por "secreto" se entende o que, pelo menos parcialmente, se não faz à vista do público, ou, feito, se não torna inteiramente público, posso, desde já, denunciar ao Sr. José Cabral uma associação secreta – o Conselho de Ministros. De resto, tudo quanto de sério ou de importante se faz em reunião neste mundo, faz-se secretamente. Se não reúnem em público os conselhos de ministros, também o não fazem as direções dos partidos políticos, as tenebrosas figuras que orientam os clubes desportivos, ou os sinistros comunistas que formam os conselhos de administração das companhias comerciais e industriais.

Embora uma interpretação desta ordem legitimamente se extraia do frasear pouco nacionalista do Sr. José Cabral, creio, tanto porque assim deve ser, como pelos encômios com que o projeto foi afagado pela imprensa pseudocristã, que as "associações secretas", que ele verdadeiramente visa, são aquelas que envolvem o que se chama "iniciação", e, portanto o segredo especial a esta inerente.

Ora no nosso país, caída há muito em dormência a Ordem Templária de Portugal, desaparecida a Carbonária – formada para fins transitórios, que se realizaram –, não existem, suponho, à parte uma outra possível Loja martinista ou semelhante, mais do que duas associações secretas "dessa espécie". Uma é a Maçonaria, a outra essa curiosa organização que, em um dos seus ramos, usa o nome profano de "Companhia de Jesus", exatamente como, na Maçonaria, a Ordem de Heredom e Kilwinning usa o nome profano de Real Ordem da Escócia. Dos chamados jesuítas não tratarei, e por três motivos, dos quais calarei o primeiro. Os outros dois são: que não creio, por mais razões do que uma, que eles corram risco de, aprovado que fosse o projeto, lhes serem aplicadas as suas sanções; e que não creio, por uma razão só, que o Sr. José Cabral tenha pretendido que tal aplicação se fizesse. Presumo pois que o projeto de lei do urgente deputado se dirija, total ou principalmente, contra a Ordem Maçônica. Como tal o examinarei.

Não faço, creio, ofensa ao Sr. José Cabral em supor que, como a maioria dos Antimaçons, o autor deste projeto é totalmente desconhecedor do assunto Maçonaria. O que sabe dele é até, porventura, pior que nada, pois, naturalmente, terá nutrido o seu antimaçonismo da leitura da imprensa chamada católica, onde, até nas coisas mais elementares na matéria, erros se acumulam sobre erros, e aos erros se junta, com a má-vontade, a mentira e a calúnia, senhoras suas filhas. São creio que o Sr. José Cabral conviva habitualmente com os livros de Findel, Kloss ou Gould, ou que passe as suas horas de ócio na leitura atenta da "Ars Quatuor Coronatorum" ou das publicações da Grande Loja de Iowa. Duvido, até, que o Sr. José Cabral tenha grande conhecimento da literatura antimaçônica – Barruel ou Robinson, ou Eckert – tão admirável, aliás, do ponto de vista humorístico. Nem terá tido porventura noção, sequer de ouvido, do artigo célebre do Padre Hermann Grüber na "Catholic Encyclopedia", artigo citado com elogio em livros maçônicos, e em que o doutor jesuíta por pouco não defende a Maçonaria.

Ora se o Sr. José Cabral está nesse estado de trevas com respeito à natureza, fins e organização da Ordem Maçônica, suponho que em igual condição estejam muitos dos outros membros da Assembléia Nacional, com a diferença que não se propuseram legislar sobre matéria que ignoram. Sendo assim, nem o deputado apresentante, nem os seus colegas de assembléia, estarão, talvez, em estado de medir claramente as conseqüências nacionais, internas e sobretudo externas, que adviriam da aprovação do projeto. Como conheço o assunto suficientemente para saber de antemão, e com certeza, quais seriam essas conseqüências, vou fazer patrioticamente presente da minha ciência ao Sr. José Cabral e à Assembléia Legislativa de que é ornamento.

Começo por uma referência pessoal, que cuido, por necessária, não dever evitar. Não sou Maçom, nem pertenço a qualquer outra Ordem semelhante ou diferente. Não sou porém Antimaçom, pois o que sei do assunto me leva a ter uma idéia absolutamente favorável da Ordem Maçônica. A estas duas circunstâncias, que em certo modo me habilitam a poder ser imparcial na matéria, acresce a de que, por virtude de certos estudos meus, cuja natureza confina com a parte oculta da Maçonaria – parte que nada tem de político ou social –, fui necessariamente levado a estudar também esse assunto – assunto muito belo, mas muito difícil, sobretudo para quem o estuda de fora. Tendo eu, porém, certa preparação, cuja natureza me não proponho indicar, pude ir, embora lentamente, compreendendo o que lia e sabendo meditar o que compreendia. Posso hoje dizer, sem que use excesso de vaidade, que pouca gente haverá, fora da Maçonaria, aqui ou em qualquer outra parte, que tanto tenha conseguido entranhar-se na alma daquela vida, e, portanto, e derivadamente, nos seus aspectos por assim dizer externos.

Se falo de mim, e deste modo, é para que o Sr. José Cabral e os colegas legisladores saibam perfeitamente quem lhes está falando, e que o que vão ler, se quiserem, é escrito por quem sabe o que está escrevendo. Não que o que vou dizer exija profundos conhecimentos maçônicos: é matéria puramente de superfície, da vida externa da Ordem. Exige porém conhecimentos, e não ignorâncias, fantasias ou mentiras.

Começo a valer. Creio não errar ao presumir que o Sr. José Cabral supõe que a Maçonaria é uma associação secreta. Não é. A Maçonaria é uma "Ordem" secreta, ou, com plena propriedade, uma "Ordem iniciática". O Sr. José Cabral não sabe, provavelmente, em que consiste a diferença. Pois o mal é esse – não sabe. Nesse ponto, se não sabe, terá de continuar a não saber. De mim, pelo menos, não receberá a luz. Forneço-lhe, em todo o caso, uma espécie de meia luz, qualquer coisa como a "treva visível" de certo grande ritual. Vou insinuar-lhe o que é essa diferença por o que em linguagem maçônica se chama "termos de substituição".

A Ordem Maçônica é secreta por uma razão indireta e derivada – a mesma razão porque eram secretos os Mistérios antigos, incluindo os dos primitivos cristãos, que se reuniam em segredo, para louvar a Deus, em o que hoje se chamariam Lojas ou Capítulos, e que, para se distinguir dos profanos, tinham fórmulas de reconhecimento – Toques, ou Palavras de Passe, ou o que quer que fosse. Por esse motivo os romanos lhes chamavam ateus, inimigos da sociedade e inimigos do Império – precisamente os mesmos termos com que hoje os Maçons são brindados pelos sequazes da Igreja Romana, filha, talvez ilegítima, daquela Maçonaria remota.

∴

Feito assim o meu pequeno presente de meia-luz, entro diretamente no que verdadeiramente interessa – as conseqüências que adviriam, para o país, da aprovação do projeto de lei do Sr. José Cabral. Tratarei primeiro das conseqüências internas.

A primeira conseqüência seria esta – coisa nenhuma. Se o Sr. José Cabral cuida que ele, ou a Assembléia Nacional, ou o Governo, ou quem quer que seja, pode extinguir o Grande Oriente Lusitano, fique desde já desenganado. As Ordens Iniciáticas estão defendidas, "ab origine symboli", por condições e forças muito especiais que as tornam indestrutíveis "de fora". Não me proponho explicar o que sejam essas forças e condições: basta que indique a sua existência.

De resto, têm os srs. deputados a prova prática em que o que tem sucedido noutros países, onde se tem pretendido suprimir as Obediências Maçônicas. Pondo de parte a Rússia – onde nem eu nem os srs. deputados sabem o que verdadeiramente se passa, e onde, aliás, quase não havia Maçonaria –, poderemos considerar os casos da Itália, da Espanha e da Alemanha.

Mussolini procedeu contra a Maçonaria, isto é, contra o Grande Oriente de Itália mais ou menos nos termos pagãos do projeto do Sr. José Cabral. Não sei se perseguiu muita gente, nem me importa saber. O que sei, de ciência certa, é que o Grande Oriente de Itália é um daqueles mortos que continuam de perfeita saúde. Mantém-se, concentra-se, tem-se depurado, e lá está à espera; se tem em que esperar é outro assunto. O camartelo do Duce pode destruir o edifício do comunismo italiano; mas não tem força para abater colunas simbólicas, vasadas dum metal que procede da Alquimia.

Primo da Rivera procedeu mais brandamente, conforme a sua índole fidalga, contra a Maçonaria Espanhola. Também sei ao certo qual foi o resultado – o grande desenvolvimento, tanto numérico como político, da Maçonaria em Espanha. Não sei se alguns fenômenos secundários, como, por exemplo, a queda da Monarquia, teriam qualquer relação com esse fato.

Hitler, depois de se ter apoiado nas três Grandes Lojas cristãs da Prússia, procedeu segundo o seu admirável costume ariano de morder a mão que lhe dera de comer. Deixou em paz as outras Grandes Lojas – as que o não tinham apoiado nem eram cristãs – e, por intermédio de um tal Goering, intimou aquelas três a dissolverem-se. Elas disseram que sim – aos Goerings diz-se sempre que sim – e continuaram a existir. Por coincidência, foi depois de se tomar essa medida que começaram a surgir cisões e outras dificuldades dentro do partido nazi. A história, como o Sr. José Cabral deve saber, tem muitas dessas coincidências.

Como tenho estado a apresentar razões e fatos até certo ponto desanimadores para o Sr. José Cabral, vou desde já animá-lo com a indicação de um resultado certo, positivo, que adviria da aprovação do seu projeto. Resultaria dele – alegre-se o dominicano! – um grande número de perseguições a oficiais do exército e da armada (exceto em Cascais) e a funcionários públicos. Perderiam os seus lugares os que não quisessem ter a indignidade de repudiar a sua Ordem. Resultaria, portanto, a miséria para as suas famílias, onde é possível – e isto é que é grave – que se encontrassem pessoas devotas de Santa Teresinha do Menino Jesus, personagem que ocupa, na atual mitologia portuguesa, um lugar um pouco acima de Deus. Resolver-se-ia, é certo, no estilo inesperado do "roulement" que não rola, o problema do desemprego – para aqueles atuais desempregados, bem entendido, que têm por Grão-Mestre Adjunto o Sr. Conselheiro João de Azevedo Coutinho.

Seriam essas as conseqüências internas da aprovação do projeto: dois zeros – um para o efeito antimaçônico da lei, outro para a barriga de muita gente. Seriam essas as conseqüências internas. Vou tratar agora das conseqüências externas, isto é, das conseqüências que adviriam da aprovação do projeto para a vida e o crédito de Portugal no estrangeiro. Esse aspecto da questão, esse resultado, não só possível mas quase certo, creio bem que não ocorreu ao Sr. José Cabral. Presto homenagem – e a sério – ao seu patriotismo, embora lamente que seja um patriotismo tão analfabeto.

Existem hoje em atividade, em todo o mundo, cerca de seis milhões de Maçons, dos quais cerca de quatro milhões nos Estados Unidos e cerca de um milhão sob as diversas Obediências independentes do Império Britânico. Assim, cinco-sextos dos Maçons hoje em atividade são Maçons de fala inglesa. O milhão restante, ou conta parecida, acha-se repartido pelas várias Grandes Obediências dos outros países do mundo, das quais a mais importante e influente é talvez o Grande Oriente de França.

As Obediências Maçônicas são Potências autônomas e independentes, pois não há governo central da Maçonaria, que é por isso menos "internacional" que a Igreja Romana.

Há Obediências Maçônicas que poucas relações têm entre si; há até Obediências que estão de relações suspensas ou cortadas. Dou dois exemplos. A Grande Loja de Inglaterra cortou em 1877, por um motivo técnico, as relações, que ainda não reatou, com o Grande Oriente de França. A mesma Grande Loja cortou, em 1933, as relações com a Grande Loja das Filipinas, em virtude de divergências – cuja natureza não sei mas presumo – quanto à maneira de desenvolver a Maçonaria na China.

Assim a Maçonaria necessariamente toma aspectos diferentes – políticos, sociais e até rituais – de país para país, e até, dentro do mesmo país, de Obediência, para Obediência, se houver mais que uma. Dou um exemplo. Há em França três Obediências independentes (Obs.: esse número não é o mesmo nos dias de hoje – A. Calado) – *O Grande Oriente de França, a Grande Loja de França (prolongada capitularmente pelo Supremo Conselho do Grau 33) e a Loja Regular, Nacional e Independente para a França e suas Colônias* (Obs.: Trata-se da Grande Loja Nacional Francesa). *O Grande Oriente é, acentuadamente, radical e anti-religioso; a Grande Loja limita-se a ser liberal e anticlerical; a Grande Loja Nacional não tem política nenhuma. Dou outro exemplo. O Grande Oriente de França tem uma grande influência política, mas, exceto através dessa, pouca influência social. A Grande Loja de Inglaterra não se preocupa com política, mas a sua influência social é enorme.*

Conquanto, porém, a Maçonaria esteja assim materialmente dividida, pode considerar-se como unida espiritualmente. O espírito dos Rituais, e sobretudo o dos Graus Simbólicos (nos quais, e sobretudo no Grau de Mestre, está, já para quem saiba ver ou sentir, a Maçonaria inteira), é o mesmo em toda a parte, por muitas que sejam as divergências verbais e rituais entre Graus idênticos, trabalhados por Obediências diferentes. Em palavras mais perspícuas, mas necessariamente menos claras: quem tiver as chaves herméticas, em qualquer forma de um Ritual encontrará, sob mais ou menos véus, as mesmas fechaduras.

Resulta desta comunidade de espírito profundo, deste íntimo e secreto laço paternal, que ninguém quebrou nem pode quebrar, que uma Obediência, ainda que tenha poucas ou nenhumas relações com outra, não vê todavia com indiferença o ser esta atacada por profanos. Os Maçons da Grande Loja de Inglaterra não têm, como se disse, relações com os do Grande Oriente de França. Quando, porém recentemente surgiu em França, a propósito dos casos Stavisk e Prince, uma campanha antimaçônica, de origem aliás ultra-suspeita, a vaga simpática, que potencialmente se estava formando em Inglaterra pelos conservadores que atacavam o Governo Francês, desapareceu imediatamente. O "Times", conservador mas acentuadamente maçônico, relatou as manifestações contra o Governo Francês com uma antipatia que roçou pela deturpação de fatos. E há muitos casos semelhantes, como o de certo escritor maçônico inglês, que em seus livros constantemente ataca o Grande Oriente de França, mudar completamente de atitude ao responder a uma escritora inglesa antimaçônica, que afinal dissera pouco mais ou menos o mesmo que ele sempre havia dito.

Nisto tudo, que serviu de exemplo, trata-se de coisas de pouca monta, simples campanha de jornal, e por certo de atitudes espontâneas e individuais da parte dos Maçons que as tomaram. Quando porém se trate de fatos maçonicamente graves, como seja a tentativa por um governo, de suprimir ou perseguir uma Obediência Maçônica, já a ação dos Maçons não é tão individual e isolada, nem se resume a uma maior ou menor antipatia jornalística. Provam-no diversas complicações, de origem aparentemente desconhecida, que encontrou em países estrangeiros o Governo de Primo de Rivera, e que encontraram, e ainda encontram, os Governos da Itália e da Alemanha (Obs.: Este artigo foi escrito em 1935, durante, portanto, a vigência dos governos Mussolini e Hitler – A. Calado).

Esses, porém, são países grandes e fortes, com recursos, de vária ordem, que em certo modo podem contrabalançar aquelas oposições. Vem mais a propósito citar o caso de um país que não é grande nem influente na política européia em geral. Refiro-me à Hungria e ao que se passou com o célebre empréstimo americano.

Aqui há anos, pouco depois da guerra (Obs.: a 1ª guerra mundial – A. Calado) *o Governo Húngaro decretou a supressão da Maçonaria no seu território. Pouco depois negociava um empréstimo nos Estados Unidos. Estava o empréstimo praticamente feito quando veio da América a indicação final de que ele não seria concedido se não se restabelecessem "certas instituições legítimas". O Governo Húngaro percebeu e viu-se obrigado a entrar em transações com o Grão-Mestre; disse-lhe que autorizava a reabertura das Lojas com a condição (que parece do Sr. José Cabral) de que nelas pudessem assistir profanos. É escusado dizer que o Grão-Mestre recusou. O Governo manteve portanto a "suspensão" das Lojas... e o empréstimo não se fez. Ora, isto sucedeu com a Maçonaria Americana, que não faz propriamente política nem mantém relações muito intensas com as Obediências européias, à exceção das britânicas. Tratava-se, porém, de uma grave injúria à Maçonaria, e o resultado foi o que se vê.*

Não venha o Sr. José Cabral dizer-me que não precisamos de empréstimos do estrangeiro. Nem só de empréstimos vive o país. Precisa, por exemplo, de colônias, sobretudo das que ainda tem. E precisa de muitas outras coisas, incluindo o não incorrer na hostilidade ativa dos cinco mil e tal milhões de Maçons que, por apolíticos, ainda não nos têm hostilizado.

Creio que disse o suficiente para que o Sr. José Cabral e os outros Srs. deputados compreendam perfeitamente qual pode e deve ser o alcance da aprovação deste projeto na vida e no crédito de Portugal. Antes de acabar, porém, quero dar-lhe uma pequena amostra da espécie de gente em cuja antipatia ativa incorreríamos.

Tomarei por exemplo a Grande Loja Unida de Inglaterra, não só pela importância que para nós têm as nossas relações com aquele país, mas também porque qualquer ação dessa Grande Loja – a Loja-Mãe do Universo, com cerca de 450.000 Maçons em atividade – arrasta consigo todos os Maçons de fala inglesa e todas as Obediências dos países protestantes. Do resto da Maçonaria nem é preciso falar.

São Maçons, sob a obediência da Grande Loja de Inglaterra, três filhos do Rei – o Príncipe de Gales, Grão-Mestre Provincial de Surrey, o Duque de York, Grão-Mestre Provincial de Middlesex, e o Duque de Kent, antigo Primeiro Grande Vigilante. É Maçom o genro do Rei, Conde de Harwood, Grão-Mestre Provincial de West Yorkshire. São Maçons, em sua maioria, os fidalgos ingleses, sobretudo os de antiga linhagem. São Maçons, em grande número, os prelados e sacerdotes da Igreja de Inglaterra, o clero mais profundamente culto de todo a mundo, a Igreja protestante que mais perto está, em dogma e ritual, da Igreja de Roma. Não prossigo, porque já basta... Lembro todavia que os três grandes jornais "conservadores" ingleses – o "Times", o "Sunday Times" e o "Daily Telegraph" – são ao mesmo tempo maçônicos.

∴

Acabei. Convém, porém, não acabar ainda. Provei neste artigo que o projeto de lei do Sr. José Cabral, além do produto da mais completa ignorância do assunto, seria, se fosse aprovado: primeiro, inútil e improfícuo; segundo, injusto e cruel; terceiro, um malefício para o país na sua vida internacional. Não considerei, porque não tinha que considerar, se a Maçonaria merece o mau conceito em que evidentemente a tem o Sr. José Cabral e outros que nada sabem da matéria. Esse ponto estava fora da linha do meu argumento. Como, porém, a maioria da gente não sabe raciocinar, pode alguém supor que me esquivei a esse ponto. Vou por isto tratar dele embora protestando contra mim mesmo. Quem sofre com isso é o leitor.

A Maçonaria compõe-se de três elementos; o elemento iniciático, pelo qual é secreta; o elemento fraternal; e o elemento a que chamarei humano – isto é, o que resulta de ela ser composta por diversas espécies de homens, de diferentes graus de inteligência e cultura, e o que resulta de ela existir em muitos países, sujeita portanto a diversas circunstâncias de meio e de momento histórico, perante as quais, de país para país e de época para época, reage, quanto à atitude social, diferentemente.

Nos primeiros dois elementos, onde reside essencialmente o espírito maçônico, a Ordem é a mesma sempre e em todo o mundo. No terceiro, a Maçonaria – como aliás qualquer instituição humana, secreta ou não – apresenta diferentes aspectos, conforme a mentalidade de Maçons individuais, e conforme circunstâncias de meio e momento histórico, de que ela não tem culpa.

Neste terceiro ponto de vista, toda a Maçonaria gira, porém, em torno de uma só idéia – a "tolerância"; isto é, o não impor a alguém dogma nenhum, deixando-o pensar como entender. Por isso a Maçonaria não tem uma doutrina. Tudo quanto se chama "doutrina maçônica" são opiniões individuais de Maçons, quer sobre a Ordem em si mesma, quer sobre as suas relações com o mundo profano. São divertidíssimas: vão desde o panteísmo naturalista de Oswald Wirth até ao misticismo cristão de Arthur Edward Waite, ambos eles tentando converter em doutrina o espírito da Ordem. As suas afirmações, porém, são simplesmente suas; a Maçonaria nada tem com elas. Ora, o primeiro erro dos Antimaçons consiste em tentar definir o espírito maçônico em geral pelas afirmações de Maçons particulares, escolhidas ordinariamente com grande má fé.

O segundo erro dos Antimaçons consiste em não querer ver que a Maçonaria, unida espiritualmente, está materialmente dividida, como já expliquei. A sua ação social varia de país para país, de momento histórico para momento histórico, em função das circunstâncias do meio e da época, que afetam a Maçonaria como afetam toda a gente. A sua ação social varia, dentro do mesmo país, de Obediência para Obediência, onde houver mais que uma, em virtude de divergências doutrinárias – as que provocaram a formação dessas Obediências distintas, pois, a haver entre elas acordo em tudo, estariam unidas. Segue de aqui que nenhum ato político ocasional de nenhuma Obediência pode ser levado à conta da Maçonaria em geral, ou até dessa Obediência particular, pois pode provir, como em geral provém, de circunstâncias políticas de momento, que a Maçonaria não criou.

Resulta de tudo isto que todas as campanhas antimaçônicas – baseadas nesta dupla confusão do particular com o geral e do ocasional com o permanente – estão absolutamente erradas, e que nada até hoje se provou em desabono da Maçonaria. Por esse critério – o de avaliar uma instituição pelos seus atos ocasionais porventura infelizes, ou um homem por seus lapsos ou erros ocasionais – que haveria neste mundo senão abominação? Quer o Sr. José Cabral que se avaliem os papas por Rodrigo Bórgia, assassino e incestuoso? Quer que se considere a Igreja de Roma perfeitamente definida em seu íntimo espírito pelas torturas dos Inquisidores (provenientes de um uso profano do tempo) ou pelos massacres dos albigenses e dos piemonteses? E contudo com muito mais razão se o poderia fazer, pois essas crueldades foram feitas com ordem ou com consentimento dos papas, obrigando assim, espiritualmente, a Igreja inteira.

Sejamos, ao menos justos. Se debitamos à Maçonaria em geral todos aqueles casos particulares, ponhamos-lhe a crédito, em contrapartida, os benefícios que dela temos recebido em iguais condições. Beijem-lhe os jesuítas as mãos, por lhes ter sido dado acolhimento e liberdade na Prússia, no século dezoito – quando expulsos de toda a parte, os repudiava o próprio Papa – pelo Maçom Frederico II.

Agradeçamos-lhe a vitória de Waterloo, pois que Wellinton e Blucher eram ambos Maçons. Sejamos-lhe gratos por ter sido ela quem criou a base onde veio a assentar a futura vitória dos Aliados – a "Entente Cordiale", obra do Maçom Eduardo VII. Nem esqueçamos, finalmente, que devemos à Maçonaria a maior obra da literatura moderna – o "Fausto" do Maçom Goethe.

Acabei de vez. Deixe o Sr. José Cabral a Maçonaria aos Maçons e aos que, embora o não sejam, viram, ainda que noutro Templo, a mesma Luz. Deixe a Antimaçonaria àqueles Antimaçons que são os legítimos descendentes intelectuais do célebre pregador que descobriu que Herodes e Pilatos eram Vigilantes de uma Loja de Jerusalém.

Deixe isso tudo, e no próximo dia 13, se quiser, vamos juntos a Fátima. E calha bem porque será 13 de fevereiro – o aniversário daquela lei de João Franco que estabelecia a pena de morte para os crimes políticos.

Diário de Lisboa, nº 4.388 de 4 de fevereiro de 1935.

É sempre um regalo, ler Fernando Pessoa, muito especialmente quando discorre, tão magistralmente, sobre um assunto que tanto nos interessa.

∴

René Guénon: o Último Metafísico de Ocidente*

No 50º aniversário do seu falecimento (1886-1951)

Irm∴ Eugenio Tschelakow
Or∴ de Salvador – BA

René Guénon nasceu em Blois, França, a 15 de novembro de 1886.

Sua obra, reunida em 27 volumes, é visualizada como a possibilidade de entrosamento das nossas origens com a Suprema Identidade, colocando a este autor como um autêntico transmissor da Doutrina Tradicional e da Filosofia Perene[1].

Os seus livros, artigos e correspondências abarcam os grandes temas das tradições de Oriente e Ocidente, tais quais o

* René Guénon foi definido como o "último metafísico de Ocidente" pelo filósofo Armando Asti Vera na introdução ao livro "Símbolos de la Ciencia Sagrada", Ed. Eudeba, Buenos Aires.

1 "Actualidad del pensamiento de René Guénon", Symbolos – Revista Internacional de Arte – Cultura – Gnosis; Guatemala. Em Internet: http://www.geocities.com/symbolos/rguenon.htm.

Hinduísmo, Taoísmo, Hermetismo, Maçonaria, Judaísmo, Cristianismo, Islã e até o Americanismo indígena, analisados desde as perspectivas esotéricas e exotéricas, quando devido.

Muito cedo Guénon compreendeu a importância decisiva da Maçonaria para o futuro espiritual e intelectual de Ocidente; nesse sentido, no capítulo V de "Apreciações sobre a Iniciação", uma das suas principais obras, diz: "*...de todas as organizações com pretensões iniciáticas que se encontram atualmente no mundo ocidental, somente duas podem reivindicar uma autêntica origem tradicional e uma transmissão iniciática real... são o Compagnonnage e a Maçonaria... Todo o resto não passa de uma fantasia ou charlatanismo ou incluso uma maneira de dissimular algo pior ainda*".

Filho único de uma família católica, em 1902 é introduzido na filosofia pelo especialista em pré-socráticos Albert Leclére e começa a freqüentar os ambientes ocultistas de Paris, tão numerosos no início do século XX. Domina várias línguas modernas, entre elas o árabe, e conhece os termos doutrinais dos idiomas chinês, hindu, hebraico e sânscrito[**]. Toma aulas na Escola Hermética, controlada pelo Dr. Gérard Encausse, Papus[2], e ingressa na Ordem Martinista. Com 22 anos de idade é o Secretário da famosa Convenção Espiritualista e Maçônica realizada em 1908 em Paris; porém, após o discurso de Papus, toma posição contra certas idéias dele, como a reencarnação. Ingressa na Loja "Humanidade 204", do Rito Misraim e formada por espanhóis, onde a 10 de abril de 1908 alcança o Grau de Mestre Maçom[3]. Em 1910 filia-se à Loja "Thébah 347", do Rito Escocês Antigo e Aceito, jurisdicionada à Grande Loja da França.

Na mesma época ingressa na Igreja Gnóstica de Alexandria e funda a revista Gnose, onde publica "O Demiurgo", uma parte de "O simbolismo da Cruz" e "O Homem e seu Devir segundo o Vedânta". Os escritos de Guénon desse período já demonstram uma mestria e um conhecimento incontestáveis sobre o simbolismo, o

** Conforme correspondência particular de José Manuel Rio, secretário de redação da revista Symbolos, Guatemala.

2 O livro de Papus, "O que deve saber o Mestre Maçom" está disponível no Círculo do Livro Maçônico (CLM) da Ed. "A TROLHA", Londrina.

3 "René Guénon y las Ordenes Esotéricas", del Dr. Carlos Raitzin, Boletín Temple. Historia y Tradición. Em Internet: http://templespana.notrix.net.

orientalismo, a doutrina tradicional e o esoterismo iniciático, incomuns para um homem tão jovem, o que supõe outros "contatos tradicionais"[4] como seria o conhecido caso de um mestre hindu que lhe teria transmitido o Vedânta Shankarayano.

Em 1912 Guénon é Iniciado no sufismo – rama do Islã – com o nome de Sheik Abdel Wahed Yahia, *O servidor do Único*, através do pintor sueco John Gustav Agueli (Abdul-Hâdi) pertencente à tariqah do Sheik Abder Rahman Elish El Kébir (da linha Akbariana). Também, é iniciado no taoísmo por intermédio do conde Albert de Pouvourille (Matgioi, *O Olho do Dia*), filho espiritual de Tong Sou Luat, eminente mestre Taoísta. Ao mesmo tempo, confirma a sua filiação à Loja Maçônica "Thébah". Nesse mesmo ano se casa com a jovem professora católica Berthe Loury com quem não terá descendência.

Na revista "France-Antimaçônique" Guénon escreve alguns artigos elucidando temas tais como a Maçonaria e o "poder oculto". Em 1915 obtém a Licenciatura em Filosofia com orientação em Matemáticas, na Sorbonne. Começa a colaborar nas revistas "O Véu de Ísis" (mais tarde seria a prestigiosa publicação chamada "Estudos Tradicionais") de Paul Chacornac; na revista de Jacques Maritain; em "Regnabit", publicação católica do Sagrado Coração dirigida pelo padre Felix Anizan e por Charbonneau-Lassay, este último vinculado a grupos do hermetismo cristão. Em 1925 pronuncia uma conferência na Sorbonne sobre "Metafísica Oriental"[5].

Em 1930, viúvo, parte para o Egito, onde se estabelecerá definitivamente, não voltando mais à Europa. Casa-se com Fátima

[4] "René Guénon, Biografía", Biblioteca de La Tradición. Em Internet: http://www.lanzadera.com/latradicion.

[5] Biblioteca da La Tradición, op. cit.

Hanan, filha mais velha do Sheik Muhammad Ibrahim, com quem terá quatro filhos. Em 1947 consegue a cidadania egípcia.

No Cairo, realiza um intenso labor intelectual, publicando muitos livros, escrevendo para diversas revistas como a inglesa "O Maçom Especulativo"[6] e mantendo abundante correspondência com as mais importantes personalidades tradicionais da época, tais como André Préau, Ananda K. Coomaraswamy, Michel Vâlsan, Julius Evola (com quem teve forte polêmica); com prestigiosos escritores Maçons como Marius Lepage[7] e Denys Roman; e com o católico Jean Tourniac.

Em 1947 a Grande Loja da França cria uma Loja de estudos maçônicos dedicada à obra de Guénon chamada "A Grande Tríada" (em homenagem a um dos seus livros) e que atua conforme o Rito Escocês Antigo e Aceito.

René Guénon morre a 7 de janeiro de 1951 no Cairo, rodeado da sua família e amigos, pronunciando três vezes o nome de Alah e as palavras em árabe "El Nafass Khalass", *a Alma sai.*

A obra de René Guénon pode ser classificada conforme o estudo realizado por Luc Benoist[8] que a divide em quatro partes principais: na primeira, situa os livros "O Teosofismo, história de uma pseudo-religião", "Princípios do Cálculo Infinitesimal" e "O Erro Espírita", onde os temas tratados são as referências sobre a reencarnação, transmigração, metempsicose e a postura diante da Teosofia da Mme. Helena P. Blavatsky[9]. Na segunda divisão, estão os livros que explicam a decadência do Ocidente como "Oriente e Ocidente", "A Crise do Mundo Moderno", "Autoridade Espiritual e Poder Temporal" e "O Reino da Quantidade e os Sinais do Tempo". A terceira classificação integra as matérias dedicadas às tradições ocidentais, especialmente as derivadas do esoterismo cristão, como

---

6 Nesta publicação, Guénon fazia uma espécie de Consultório Maçônico, similar ao que realiza o Irmão José Castellani na revista "A TROLHA".

7 O livro de Marius Lepage "História e Doutrina da Franco-Maçonaria" está disponível no CLM.

8 "Estudos sobre René Guénon", de Luc Benoist, diretor da Editora Gallimard e diretor dos Museus da França, citado por Federico González em "Esoterismo Siglo XXI", Ed. Muñoz Moya, Sevilha, Espanha. Também citado por Nicola Aslan em "Instruções para Lojas de Perfeição", pág. 15, Ed. "A TROLHA".

9 O livro "As origens do ritual na Igreja e na Maçonaria" de H.P. Blavatsky está disponível no CLM.

as Ordens de Cavalaria, Os Templários, São Bernardo, a Lenda do Santo Gral, Os Fiéis do Amor. Também, os livros "O Esoterismo do Dante", "O Rei do Mundo" e os dos volumes de "Estudos sobre a Franco-Maçonaria e o Companheirismo", além de inúmeros artigos dedicados à Maçonaria, tais quais "Os Altos Graus Maçônicos", "A Palavra Perdida e os Nomes Substituídos", "A Ortodoxia Maçônica", "A Gnose e a Franco-Maçonaria", e outros. A quarta divisão agrupa os livros sobre a verdadeira metafísica oriental: "Introdução Geral ao Estudo das Doutrinas Hindus", "O Homem e seu Devir conforme o Vedânta", "O Simbolismo da Cruz", "Os Estados Múltiplos do Ser" e "A Grande Tríada".

Devemos destacar a importância do ***simbolismo*** na obra de Guénon, que constitui a "base do edifício" e que é, a nosso critério, muito importante para uma melhor compreensão da filosofia maçônica: são numerosos artigos sobre os símbolos universais que estão contidos no extraordinário livro "Símbolos Fundamentais da Ciência Sagrada". Também, um outro assunto tão caro à Maçonaria como o é a Iniciação, está magistralmente tratado em "Apreciações sobre a Iniciação" (livro que todo Maçom mereceria ler) e em "Iniciação e Realização Espiritual", todas elas de edição póstuma. Já o Cap. XV de "A Grande Tríade" é um profundo estudo simbólico sobre o Esquadro e o Compasso.

A obra de René Guénon ainda é pouco conhecida no Brasil[10]; porém ela não deixa de ser referenciada por autores maçônicos, como se pode ver no livro "O Mestre Secreto, Grau 4"[11] de Assis Carvalho e José Castellani, págs. 148/149, onde se analisa a interpretação simbólica de Guénon do triângulo eqüilátero. Já outros escritores se identificam plenamente com Guénon, como o faz o francês Jean Palou em seu excelente livro "A Franco-Maçonaria Simbólica e Iniciática"[12]. Por outro lado, em contra de Guénon, temos o esclarecedor livro "Filosofia da Maçonaria"[13] do ex-Grão-Mestre do Grande Oriente Italiano, o professor de filosofia Giuliano Di

[10] No Brasil foram publicados "A Grande Tríade" e "Os Símbolos da Ciência Sagrada" pela Ed. Pensamento, São Paulo. Em Portugal se publicaram: "A Crise do Mundo Moderno", O Esoterismo de Dante", "O Rei do Mundo" e "O Reino da Quantidade e os Sinais do Tempo".

[11] Publicado pela Ed. "A TROLHA".

[12] Publicado pela Ed. Pensamento, São Paulo. Disponível no CLM.

[13] Disponível no CLM.

Bernardo, quem dedica todo o capítulo VII pretendendo demonstrar que não seria possível integrar a concepção reguladora da Maçonaria com a metafísica de Guénon.

Finalmente, queremos sinalar que René Guénon entendia que a Grande Tradição Primordial é a transmissão de um legado de origem "não humano", ou seja, Divino, de caráter transcendente e que a Humanidade a tem recebido desde a sua origem através de uma cadeia ininterrupta que vem desde o início dos tempos. No Ocidente, a Maçonaria é uma das poucas Instituições – senão a única – que tem a legitimidade para receber e transmitir, mediante Iniciação, esse conhecimento metafísico, ***velado em alegorias e ilustrado em símbolos***. Cabe a nós, os seus membros, o permanente estudo dos Símbolos Sagrados, para melhor transmiti-los às novas gerações até o final dos tempos, numa permanente e contínua Cadeia de União. Assim sendo, teremos cumprindo com a nossa parte no plano real do Grande Arquiteto do Universo.

∴

Dedicatória. Este artigo está dedicado ao saudoso Irmão Juan Carlos Carballo, quem no Oriente de Buenos Aires sobrevivia vendendo-nos livros fotocopiados (de edição esgotada, é claro) sobre a Maçonaria, ao tempo que nos dava Instrução ao vivo no bar da Grande Loja. Recém-ingressado na Ordem, quando da compra do meu primeiro "xerocado" de Guénon, o velho Carballo me surpreendeu dizendo: ***"Nunca esqueça, Irmãozinho Aprendiz, que unicamente se chega ao Esoterismo e à Metafísica mediante a Razão".***

∴

Efeitos e Causas que Atingem o Conhecimento (e o Desconhecimento) da Ritualística Maçônica

Irm∴ Amílcar Silva Júnior
Or∴ de Campo Grande – MS

Temos diversos fatores que influenciaram e influenciam no conhecimento da ritualística maçônica. Há de se verificar que, de forma seqüencial, diversos fatos passaram a fazer parte de Rituais (ou foram suprimidos), devido ao entendimento de épocas, que sempre acompanham a evolução da sociedade. Tais fatos passaram a agregar na ritualística maçônica e alcançaram um certo entendimento do que é certo e do que é errado. Arraigado pelo Brasil afora, muitas dessas mudanças passaram a ter *status* de verdade e por isso sua remoção é bastante combatida por diversos Irmãos que apontam razões para não aceitar a modificação disso ou daquilo.

Como a ritualística é um assunto apaixonante e que traz embutido praticamente toda a doutrina da Maçonaria, vamos elencar alguns desses fatos, restringindo ao ocorrido no Brasil, pois sair pelo mundo ficaria algo bastante extenso e complicado de confirmar, devido a falta de literatura.

Fatores:

1. Primeiramente, nós do Grande Oriente de Mato Grosso do Sul temos que nos conformar que somos herdeiros do Grande Oriente do Brasil, que nos deixou um legado de Rituais, leis e forma de gestão administrativa. Nosso sistema de administração, com três poderes é diferente do adotado pela Grande Loja Unida da Inglaterra, bem como, pelas Grandes Lojas Estaduais.

Desde o rompimento de diversas Lojas, em 1973, que desligaram-se do Grande Oriente do Brasil, devido a fraude eleitoral para o cargo de Grão-Mestre (fraude comprovadamente existente) as Lojas[1] do nosso Estado, então Mato Grosso, filiaram-se no Grande Oriente do Estado de Mato Grosso (independente, fundado em 12.10.1973, após o rompimento com o GOB) e passaram a ser regidas por aquela Potência. A partir de 1979, com a criação do Estado de Mato Grosso do Sul, é que foi fundado o nosso Grande Oriente de Mato Grosso do Sul, em 25.1.1979 e instalado em abril do mesmo ano.

Pelo óbvio que trouxemos Rituais, orientações e informações tanto do GOB quanto do GOEMT. A COMAB (Confederação Maçônica do Brasil – órgão de aglutinação dos Grandes Orientes Independentes) não tem nenhuma ingerência sobre as Potências confederadas, somente atua em nível de orientação e representação mundial.

Portanto, nossos Rituais são, praticamente, uma "cópia" do que o GOB passou a utilizar a partir de 1968. Inclusive, à época, utilizava-se o Avental que usamos atualmente, com faixa azul e um debrum vermelho na orla.

Então, o primeiro fator é de que o GOMS não inventou nenhum Ritual, apenas utilizou-se do que havia trazido de herança do GOB.

2. O segundo fator. Sabemos que, desde o início da Maçonaria

[1] Foram as Lojas "União e Fraternidade VI", "Regente Feijó IV", "Acácia do Sul".

no Brasil, os nossos Rituais foram traduzidos das línguas francesa, belga e inglesa. Pelo óbvio, que traduções nunca são ao pé da letra, ocorrendo erros e equívocos.

O primeiro Ritual escocês no Brasil foi traduzido do francês e foi editado em 1834, para ser usado pelas Lojas ligadas ao Grande Oriente Nacional Brasileiro (chamado de Grande Oriente "do Passeio", fundado em 1830 – passou a ser Grande Oriente Brasileiro a partir de 24.6.1831). Em 23.11.1831 foi reinstalado o Grande Oriente Brasílico (fundado em 17.6.1822 e fechado por D. Pedro I, em 4 de outubro de 1822), que na época de sua reinstalação era comandado por José Bonifácio da Andrade e Silva[2]. Esse Ritual apresenta algumas falhas de tradução mas é a verdadeira base do que era originalmente o Rito Escocês, haja vista que esse Rito havia sido criado em 1801, portanto, 33 anos antes de sua impressão e dois anos após a fundação do Supremo Conselho Escocês no Brasil.

Esse Ritual é pouco conhecido pois o GOB o ignora completamente, já que não é o primeiro daquela Potência, que entende ser a única regular no Brasil, desde 1822.

Resta dizer que o Grande Oriente Brasileiro (do Passeio) foi extinto em 1860 e suas Lojas solicitaram filiação no GOB, o que foi aceito.

3. O terceiro fator é a edição do Ritual do GOB em 1857. Com esse Ritual a Potência brasileira passou a adotar práticas ritualísticas mais apuradas e mais detalhadas, tendo informações e orientações neste Ritual. Foi o primeiro Ritual do GOB a ser traduzido para o português.

4. A partir daí, entra outro fator relevante. Todo Grão-Mestre que assumia, entendia que devia ser mudado isso ou aquilo, e os Rituais passaram a conter modificações de caráter pessoal, ignorando-se o conteúdo histórico do sistema escocês. Resta ainda o fato de que à época, algumas Lojas mudavam constantemente de

---

[2] José Bonifácio de Andrada e Silva não era Grão-Mestre quando o Grande Oriente Brasílico foi fechado por D. Pedro I, em outubro de 1822. O Imperador era quem ocupava o cargo. Quando da reinstalação, em 1831, os Irmãos do Grande Oriente "do Passeio" negaram-se a unir com o Grande Oriente Brasílico (GOB), pois o Irmão José Bonifácio se intitulara o Grão-Mestre não aceitava nova eleição. Entre outros assuntos também polêmicos, porém essa foi a maior razão para não haver união maçônica em 1831/32.

Potência (entre o GOB e o Grande Oriente "do Passeio", depois entre o GOB e o Grande Oriente "dos Beneditinos") e, assim, mudavam também de Rito. No GOB o Rito Moderno era o mais usado, considerado o oficial, talvez pela influência de José Bonifácio e por ter sido o Grande Oriente da França a dar o primeiro reconhecimento internacional, quando da fundação em 1822.

É claro que tais mudanças (de Rito) causam desconforto e dúvidas. Nestes casos, sempre são adotadas medidas híbridas, fazendo com que certos procedimentos continuassem a ser seguidos, mesmo com mudança de Rito.

5. O quarto fator é muito importante descrever. Trata-se de um fato até interessante. A partir do ano de 1855, o Grão-Mestre do GOB passou a ser eleito, também, para acumular o cargo de Soberano Grande Comendador do Supremo Conselho do Rito Escocês, que governa os Graus do 4 ao 33.

Portanto, a mesma pessoa passou a comandar dois corpos maçônicos distintos, ao mesmo tempo. Com isto fica claro que, quando havia um pensamento do que "deveria" mudar, alcançou esses dois corpos. Quando mudava um Ritual ou uma prática ritualística, sempre havia uma tácita aceitação pela Potência filosófica, já que os mesmos Irmãos que efetuavam alterações faziam parte da diretoria de ambas as Potências.

Pesa ainda o fato de as Lojas simbólicas terem autorização para constituírem Lojas Capitulares, que trabalhavam com os Graus 4 a 18 do R∴ E∴ A∴ A∴. Utilizavam o mesmo Templo e, conseqüentemente, eram membros os mesmos Irmãos da Loja simbólica.

A partir daí, o Rito Escocês passou a ser o Rito preferido por quase todas as Lojas, pois o Grão-Mestre também era o Soberano Comendador. Daí por que o título de Grão-Mestre passou a ser de *Soberano Grão-Mestre* e não mais de *Sereníssimo*.

Essa anomalia, em 1927 foi quebrada com a saída do Supremo Conselho da vinculação estatutária que tinha com o GOB, e que passou a ser efetivamente desvinculado da Potência simbólica.

A ruptura causou o desligamento das Lojas filosóficas do GOB. Passou-se então a criar Lojas filosóficas novas para atender aos Irmãos filiados nas recém-criadas Grandes Lojas estaduais.

Esse dissenso originou a criação de outro Supremo Conselho, para atender aos Irmãos filiados ao GOB.

Em 1951, o Supremo Conselho do GOB também passou a ter autonomia própria, não sendo mais o Grão-Mestre o seu Soberano Comendador e sua administração desvinculada do GOB, embora continuasse a atender os Irmãos daquela Potência que adentram aos chamados Graus Filosóficos – 4 ao 33.

6. O sexto fator é que a partir de 1927, com a criação das Grandes Lojas estaduais, foi necessário confeccionar novos Rituais, pois as Lojas que saíram do GOB não queriam usar os ditos.

Começaram a aparecer algumas mudanças, como o deslocamento do Altar dos Juramentos para a entrada da balaustrada, agora no Ocidente. Antes era no Oriente, à frente do altar do V.·. M.·..

Esses Rituais passaram a circular pelo Brasil e a prática constante passa a ser considerada o "certo", porque poucos sabem de onde saíram essas passagens[3]. Apenas acreditam ser a mais "correta" ou a mais "bonita".

Como exemplo, temos no Ritual[4] da Grande Loja Unida da Bahia, datado de 1954, uma planta do Templo, com o pavimento cobrindo todo o Ocidente e o Altar dos Juramentos junto à entrada da balaustrada, bem como as pedras bruta e a polida ou cúbica, que ficavam atrás das colunas "B" e "J", respectivamente e não junto aos altares dos Vigilantes.

7. O sétimo fator é a crença dos Maçons que acreditam ser o "certo" a ritualística de quando foram Iniciados. Mas quem garante que naquela época estava correto?

De qualquer modo, essa impressão fica registrada na mente dos Irmãos e sempre é considerada a forma ritualística mais adequada e que deveria ser mantida.

8. O oitavo fator é a utilização errônea do simbolismo da be-

---

[3] Na verdade todas as modificações visavam deixar os trabalhos das Lojas o mais próximo do *Emulation Rite* – Rito oficial da Grande Loja Unida da Inglaterra, pois buscavam as Grandes Lojas estaduais o reconhecimento da Potência mãe.

[4] *"Grande Loja Unida da Bahia – Ritual do Aprendiz Maçom – Para as LLoj.·. da Jurisdição que adotam o RITO ESCOCÊS ANTIGO E ACEITO – BAHIA – 1954"*, pág. 18. Nos Rituais subseqüentes, da mesma Potência, datados de 1957 e 1965, o pavimento já ocupa somente o centro do Ocidente e o Altar dos Juramentos deslocado para o centro desse pavimento, tendo o Quadro da Loja adiantado, fora do pavimento. Em torno desse mosaico, a orla denteada aparece pela primeira vez.

leza, antes de analisar o que é certo. Nós sabemos que em primeiro lugar está a inteligência e a sabedoria, que é representada em Loja pelo V∴ M∴. Após traçar nossos planos, é que vamos aplicar a força, ou seja, fazer com que nossas idéias sejam colocadas em prática. Durante essa aplicação é que devemos visar o embelezamento da obra.

O que ocorre é que sempre há uma inversão dessa importante hierarquia, e a beleza passa a ser utilizada como fonte de modificações e alterações ritualísticas.

Quando um Irmão visita Loja que trabalha em outro Rito, pensa que a sua Loja, sem mudar de Rito, deveria adotar isso e aquilo, porque é mais bonito, ou porque "faz mais sentido". Despreza-se, assim, o conteúdo sistemático do Rito, pensando que ficando mais bonito ficará mais interessante e mais aprazível para os Irmãos.

Quando Irmão(s) viaja(m) para o exterior e assiste(m) Sessões, no retorno quer(em) modificar coisas que não nos pertence, que não tem nada a ver com a filosofia e história do Rito que a Loja adota.

9. O nono fator é a influência de outras entidades que possuem caráter parecido com a Maçonaria. Tratam-se da Ordem Rosa-Cruz, de entidades gnósticas, filosóficas, teosóficas, místicas, esotéricas, entre outras.

É certo que suas doutrinas muitas vezes confundem-se. E há equívocos incríveis: A Encyclopaedia Britânnica do Brasil[5], por exemplo, publicação de renome mundial, apresenta como um símbolo da Ordem Rosa-Cruz, que na verdade trata-se de Símbolo essencialmente maçônico, referente ao Grau 33 do R∴ E∴ A∴ A∴. Por aí vai...

10. O décimo fator é a influência dos Irmãos voltados ao esoterismo, que fazem uma mistura da parte filosófica da sua religião com a invocação que os Maçons fazem ao G∴ A∴ D∴ U∴.

Maçonaria não é religião e sim uma atitude, uma posição filosófica. Porém, ao participarem de certas Sessões (espíritas principalmente), alguns Irmãos querem trazer algo à Maçonaria, o que acaba por complicar, já que trata-se de entidades distintas.

---

[5] Edição de 1996.

Pesa ainda, o fator dos latinos serem voltados para o lado espiritual das coisas, em tudo "vendo" um lado oculto e interpretando de formas diversas e pessoais.

Daí para imaginar algo incrível é muito fácil. Entretanto, quando lhe é perguntado a origem daquilo, vêm sempre as infames respostas: *"Você verá isso em um Grau mais avançado que o seu atualmente"* ou então *"tem coisas inexplicáveis na Maçonaria"*, ou pior *"isto é um costume muito antigo"*.

11. O décimo primeiro fator é a confusão que as Potências que existiram e que ainda existem no Brasil geraram, pois adotaram (e ainda adotam) procedimentos diferentes para o mesmo Rito, desde quando a Maçonaria aqui chegou.

Só para ilustrar, vamos apresentar uma relação cronológica de elaboração de Rituais e algumas notas de importância:

a) Ritual na língua francesa do Rito Moderno quando da fundação do Grande Oriente Brasílico, em 17.6.1822. Não há registros de que teria sido traduzido;
b) primeiro Ritual do R.·. E.·. A.·. A.·. de 1834[6], editado para o Grande Oriente Nacional Brasileiro (denominado "Grande Oriente do Passeio", fundado em 1830);
c) 1857[7] para o GOB (fundado em 17.6.1822 e reinstalado em 23.11.1831 – praticamente cópia do anterior de outra Potência, porém contendo algumas explicações adicionais);
d) 1861, pelo GOB, foi editado o "Manual Maçônico" com instruções de todos os Ritos, incluindo o Ritual de inauguração de Templo, com hino próprio a ser cantado pelos Irmãos;
e) 1863/64[8] pelo Grande Oriente Unido, de Saldanha Marinho.
f) 1875[9] pelo GOB;
g) 1889 pelo GOB. Decreto nº 72 o então Grão-Mestre Comendador Visconde Vieira da Silva, que autorizou a imprimir novos Rituais, com modificações, que foram apresentados em 1891, 1892 e 1898.

---

[6] "Guia dos Maçons Escossezes ou Reguladores dos tres Graos Symbólicos do Rito Antigo e Aceito – RJ – 1834".

[7] "Regulador Geral do Rito Escossez Antigo e Aceito para o Império do Brasil – RJ – 1857".

[8] "Regulador do Rito Escocês Antigo e Aceito".

[9] "Manual Maçônico ou Cobridor dos Ritos Escossez Antigo e Aceito e Francez ou Moderno – 4ª edição – RJ – 1875".

O de 1891 não teve grandes modificações e esteve em vigor até 1958!

h) 1893 pelo Grande Oriente de "Martim Francisco", dissidente do GOB, que teve vida efêmera, porém registra-se que teve Ritual impresso;
i) 1922/23 pelo GOB e Supremo Conselho do R.·. E.·. A.·. A.·.. Não trouxe modificações relevantes.
j) 1927/1928[10] das Grandes Lojas (produzido por Mário Behring[11], que introduziu novidades e modificações, tudo à sua vontade, visando uma forma de aproximar as Grandes Lojas estaduais da Grande Loja Unida da Inglaterra, adotando, assim, procedimentos do Rito inglês);
k) 1951 pelo GOB;
l) 1954 pela Grande Loja Unida da Bahia, que inclusive teve as Lojas do Estado de Mato Grosso filiadas até 1962, quando foi fundada a Grande Loja Maçônica do Estado de MT, posteriormente MS;
m) 1958 e 1959 pelo GOB, que passou a adotar práticas ritualísticas que as Grandes Lojas haviam introduzido em 1927;
n) 1962/63 pelo GOB;
o) 1968 pelo GOB até 1981. Nesta época o GOB utilizava Avental com faixa azul e debrum vermelho, idêntico ao que o GOMS utiliza atualmente;
p) 1973 a 1976 os Grandes Orientes Independentes federados ao então Colégio de Grão-Mestres da Confederação da Maçonaria Brasileira (atualmente COMAB) não tinhan Rituais próprios, pois acabaram de deixar o GOB. Em 1976 durante a reunião em

[10] O Ritual de 1927/28 que Mário Behring mandou aditar para a Grande Loja Unida da Bahia, Grande Loja Symbólica do Rio de Janeiro e Grande Loja Symbólica de São Paulo (as três primeiras Grandes Lojas criadas à época), trouxeram muitas modificações que até hoje estão inseridas nos Rituais brasileiros. A partir de 1958 até o GOB passou a acrescentar essas modificações. São algumas delas: colunetas junto às Luzes; coluna junto ao Trono com a estátua de Minerva; Dossel azul; altares e mesas triangulares; Painel do Grau sobre o pavimento; duas luzes nas mesas das Dignidades e dos Oficiais; começou a se falar em "eixo do Templo"; mesa triangular na entrada da balaustrada, que passou a ser o lugar do Altar dos Juramentos (antes era à frente do Trono, no Oriente); apareceram as Luzes Místicas em volta do Altar dos Juramentos; uso do pálio somente pelos diáconos quando da sagração de Candidato e não quando da abertura do livro da lei; leitura do livro que não existia.

Brasília, dois projetos foram apresentados, saindo vencedor o do Irm∴ Frederico Móttola (RS) em detrimento do apresentado por Theobaldo Varoli Filho (RS). Esse projeto era rico em enxertos e modificações, misturando passagens dos Rituais do GOB e das Grandes Lojas. O Colégio aprovou o uso de Aventais com faixa azul e debrum vermelho igual era usado no GOB desde 1968, bem como o projeto do Irmão Móttola, embora nenhum Grande Oriente integrante teria obrigatoriedade. Serviu de orientação apenas;

q) 1981 pelo GOB, que passou a adotar o Avental somente com faixa azul, suprimindo o debrum vermelho. Passou então a ser idêntico ao adotado pelas Grande Lojas Estaduais, ou seja, todo azul;

r) 1979 primeiro Ritual do GOMS, idêntico ao adotado por diversos Grandes Orientes Independentes;

s) 1993 segundo Ritual do GOMS, já com modificações.

t) 1997 segunda edição do Ritual de 1993, agora com correções ortográficas e inclusão *"costumes reprovados e sua proibição"*;

Há de se ter em mente que, quando das fusões dos diversos Grandes Orientes o GOB e Supremo Conselho, todos os Rituais das Potências extintas certamente foram destruídos. Muitos poucos exemplares ficaram para a história, pois naquela época o Ritual era de propriedade da Loja e não do Irmão, além de ficar sempre na Loja, não sendo permitido levá-lo para casa.

Sem contar que as Potências, individualmente, reformaram e modificaram um sem número de vezes, seus Rituais. Qual a garantia de que essas alterações foram efetuadas com respeito à história e sistema do RITO?

Somente a presença do(s) livro(s) era necessária. Copiou essa passagem das Lojas norte-americanas; o pavimento ocupava todo o piso do Ocidente; acertou quando passou a ser o 1º Vigilante quem fechava a Loja, pois desde o Ritual de 1857 do GOB, era o V∴ M∴ quem abria e fechava a Loja; Incluiu o termo "Past-Master", também de origem inglesa; incluiu a Cerimônia de Instalação de V∴ M∴; passou a ter junto da mesa do 1º Vig∴ a pedra polida e a bruta junto ao 2º Vig∴. Muitas dessas modificações o GOB adotou em 1958.

[11] Mário Marinho e Carvalho Behring, em 1927 foi pivô da cisão entre o GOB e o Supremo Conselho do R∴ E∴ A∴ A∴. Saindo do GOB, o Irmão Mário manteve-se como Soberano Comendador e o Supremo Conselho passou a dar cartas constitutivas às Grandes Lojas simbólicas estaduais.

12. O décimo segundo fator é o que representa as diferenças de opiniões pessoais inseridas em livros, que acabam fazendo com que Irmãos acreditem, somente porque está escrito num livro.

Poucos Irmãos escritores preocupam-se em reunir fontes confiáveis da história, juntando retalhos para costurar a colcha da realidade.

No mais das vezes, pensam e afirmam que se trata da única verdade. Essa jamais será conhecida, pois se a Maçonaria é feita por homens, jamais poderá ser perfeita, como querem alguns.

Hoje existem alguns grupos de estudiosos distintos: os que somente acreditam no que está escrito, fazendo a base de seus estudos os documentos encontrados. Tem o grupo dos esotéricos e místicos, aqueles que floreiam muito a coisa, inventam muito sem qualquer prova da existência. Fantasiam um pouco o misticismo que circunda a Maçonaria. O terceiro grupo entende que há muita coisa que não foi escrita e sim passada de ouvido a ouvido, portanto não depende exclusivamente do que está escrito. Outro grupo faz menção à máfia e à igreja, que teriam, e ainda têm, influência na Maçonaria E assim vai...

Reconhecer limitações e buscar vencê-las é um passo importante para se conhecer a verdade própria, e a nossa história! Nada é absoluto, principalmente em Maçonaria, que ainda é (será que nunca foi?) um verdadeiro caos. Talvez a divisa do R∴ E∴ A∴ A∴ "*ordo ab chao*" – ordem no caos – tenha sido imaginada para tentar resolver o caso...

13. O décimo terceiro fator é igualmente importante. É a teimosia, a irredutibilidade de Irmãos que, mesmo tendo provas contrárias às suas idéias, não aceitam modificá-las. Acreditam numa coisa e nada pode removê-los de sua posição, ou aceitam argumentar que não é como pensam ser. Se fazem a leitura de um livro então, acreditam ser a única verdade. Nenhuma prova em contrário resolve.

Somente para exemplo, posso dizer que já escutei diversos Irmãos dizerem que D.Pedro I foi Iniciado e Elevado ao Grau 33 no mesmo dia, por ser Imperador do Brasil. Não adiantou eu informar que não existia o R∴ E∴ A∴ A∴ à época da Iniciação de D.Pedro I; não adiantou dizer que as atas das Sessões do Grande Oriente à época foram encontradas e fazem parte do acervo histórico do GOB e que nela está escrito que ele foi Iniciado, tendo sido comunicado os Graus 2 e 3 três dias após, não estando em Loja. E que o Rito adotado era o Moderno ou Francês, de sete Graus.

14. O décimo quarto fator tem a ver com um hábito (ou será mau hábito?) de se usar os costumes como válvula de escape quando não se conhece uma determinada matéria. Muitas vezes, certos procedimentos (ritualísticos ou não) são passados de gestão para gestão, que sem conhecê-los na essência vai repetindo o que os antigos faziam. E quando aparece alguma informação, os Irmãos dinos[12] não aceitam os argumentos, sequer concordam em discutir, pois trata-se de "antigos costumes". Nunca acreditam que possa haver "antigos maus costumes".

Os costumes em Maçonaria revestem-se de um período que não se pode determinar, com exatidão, visto que sequer pode-se apontar o autor dessas passagens. Muitas vezes, ouvi Irmãos dizerem que certos fatos são costumes do GOMS que possui somente 21 anos!

Costumes são tudo aquilo que não está contido em nossas Leis e Regulamentos, mas faz parte dos princípios maçônicos, mesmo não estando escrito. Entretanto, devemos procurar a essência, para analisarmos, com mais profundidade, e tirar nossas próprias deduções.

FINALIZANDO...

Temos duas categorias de Irmãos que, infelizmente, predominam na nossa Ordem atualmente (seja em qualquer das Potências conhecidas, permiti-me assim dizer):

O Irmão que nada sabe, não estuda, ouve pouco, não procura seus Mestres para esclarecê-lo; fala muito e com convicção de todos os temas maçônicos. É o detentor do maior segredo da Maçonaria: a IGNORÂNCIA.

O Irmão que sabe muito, estuda, ouve bastante, pesquisa, procura tirar dúvidas com Irmãos mais experientes; porém, guarda esses conhecimentos adquiridos para si, não transmitindo-os, seja por presunção, vaidade ou incapacidade. Pouco difere do anterior.

Nossa história, tradições, filosofia, usos e costumes e todo o conteúdo iniciático se perde com esses Irmãos. Nossa Ordem cessa

[12] Dinossauros – mote carinhoso àqueles que não aceitam o progresso e a evolução do conhecimento.

de evoluir e direciona a caminhos diversos, não raro, opostos daqueles traçados por nossas mais antigas Leis e Costumes.

É pela pesquisa e troca de informações que alcançaremos o ponto desejado, o CONHECIMENTO, o segundo maior segredo da Maçonaria. É claro que isso é imaginário. A vontade e a pesquisa constante é o caminho a ser percorrido. Basta querer...

BIBLIOGRAFIA

1. ABRINES, Lorenzo Frau. *Dicionário Enciclopédico Abreviado de la Masoneria.* México: Cia. General de Ediciones S.A., 1955.
2. ASLAN, Nicola. *Grande Dicionário Enciclopédico de Maçonaria e Simbologia.* Rio de Janeiro: Arte Nova, 1974.
3. BOUCHER, Jules. *A Simbólica Maçônica.* Tradução do original *La Symbolique Masonique de 1948.* São Paulo: Pensamento, 1980.
4. CASTELLANI, José. *Liturgia e Ritualística do Grau de Aprendiz Maçom.* São Paulo: A Gazeta Maçônica, 1987.
5. ____. *Liturgia e Ritualística do Grau de Companheiro Maçom.* São Paulo: A Gazeta Maçônica, 1987.
6. ____. *Liturgia e Ritualística do Grau de Mestre Maçom.* São Paulo: A Gazeta Maçônica, 1987.
7. ____. *O Supremo Conselho do Brasil – síntese de sua história.* Londrina: "A TROLHA", 2000.
8. Compêndios Maçônicos da Soberana Grande Loja Maçônica do Brasil – ed. 1999.
10. Diversos. *As Cores Vermelhas do Rito Escocês.* Londrina: "A TROLHA",1994.
11. ©Encyclopaedia Britannica do Brasil Publicações Ltda.
12. FARIA, Fernando de. *Liturgia e Ritualística.* In Caderno de Pesquisas Maçônicas nº 15. Londrina: "A TROLHA", 1998.
13. FIGUEIREDO, Joaquim Gervásio de. *Dicionário de Maçonaria.* Pensamento, ed. 1986.
14. PACHECO, Walter Jr. *Entre o Esquadro e o Compasso.* Londrina: "A TROLHA", 1990.
15. PIRES, Joaquim da Silva. *Rituais Maçônicos Brasileiros.* Londrina: "A TROLHA", 1996.

∴

O Sinal com o Instrumento de Trabalho

Irm∴ Pedro Juk
Or∴ de Morretes – PR

Este é um tema que tem sido constantemente abordado e debatido causando verdadeiras polêmicas, levando inclusive a certas animosidades que, ao nosso ver, é mera falta de correta interpretação e conhecimento de causa. Vejamos a que se refere o nosso tema. **Fazer ou não fazer o Sinal do Grau com o instrumento de trabalho**.

Em primeiro lugar é necessário compreender o que é um instrumento de trabalho, o que é estar à Ordem e o que é a saudação pelo Sinal.

Antes de mais nada, gostaríamos de lembrar que esta peça de arquitetura é destinada àqueles IIrm∴ que praticam em suas Lojas o Rito Escocês Antigo e Aceito, ou seja, aos adeptos do **Escocesismo**.

OS INSTRUMENTOS DE TRABALHO – Instrumento: substantivo masculino (do latim: ***instrumentum***) designa qualquer objeto, aparelho, ou utensílio que serve para executar uma obra, ou para elevar a efeito uma operação mecânica, em qualquer arte, ciência, ofício, ou mister; por extensão designa todo o objeto que serve para auxiliar ou para levar a efeito uma ação física qualquer. Os instrumentos usados na prática ritualística **(instrumentos de trabalho)** maçônica são todos ligados à arte de construir, em todas as suas formas: Esquadro, Compasso, Nível, Prumo, Maço, Cinzel, Régua, Alavanca, Trolha, Colher de Pedreiro, Cordel, Lápis, etc. Também são considerados os instrumentos de trabalho inerentes a diversos cargos em Loja: Malhete, Espada, Bastão, Bolsa (ou Sacola), etc. É quanto a estes últimos **instrumentos** que faremos as nossas considerações, já que para os mesmos existe uma regra fundamental em Maçonaria: **Não se faz nenhum Sinal Maçônico com os instrumentos de trabalho, mas sim, com a mão.**

Estes instrumentos, comumente usados pelas Luzes da Loja e Oficiais, como já foi dito, são o **Bastão** do M∴ de CCer∴, a **Espada** do Cobr∴ e Guarda do T∴, os **MMalh**∴ empunhados pelas LLuz∴ da Loja, as **Bolsas** (Sacos, Sacolas) de PP∴ e IInf∴ e Tronco de Solid∴ usados pelo M∴ de CCer∴ e Hospit∴ respectivamente, além da **Espada** dos EExp∴ nas Sessões Magnas e da Comissão de Recepção e Guarda de Honra à **Bandeira Nacional**.

O que é estar à **Ordem**: É o **Sinal de Ordem** quando o Obreiro está em **pé e parado** em qualquer situação em **Loja aberta e coberta**. Deverá então compor o Sinal do Grau em que a Loja estiver trabalhando com a **mão direita.** Isto vale inclusive ao Ven∴ Mestre e aos VVig∴ quando por dever de ofício estes devam estar em pé atrás do seu Altar e mesas respectivamente. É bom lembrar que **não se anda com o Sinal de Ordem** a não ser quando da marcha do Grau, e que os Sinais dos três Graus simbólicos **são sempre feitos com a mão direita**. O uso da mão esquerda como complemento do Sinal de Comp∴ não condiz com a realidade histórica maçônica, sendo este mais um dos enxertos imaginativos e que acabou se arraigando na Ordem. Os Sinais de Ordem da Maçonaria Simbólica são **o Gutural, o Cordial e o Ventral** e são feitos tão-somente e apenas com a **mão direita**.

O que é **Saudação**: – Também chamado de Sinal Penal por lembrar a punição **simbólica** dos perjuros, é o que chamamos de descarregar o Sinal de acordo com as normas ritualísticas, e obviamente se o Sinal é feito com a mão direita, descarrega-se o mesmo com a referida mão. Volto a frisar, antes que alguém pergunte sobre a mão esquerda do Grau 2, que esta não é tradição da verdadeira Maçonaria, sendo inserida por místicos e que lamentavelmente virou uma norma consuetudinária. Em outra oportunidade farei considerações sobre a natureza dos SSin.·. MMaç.·. Agora, o que é oportuno esclarecer, é que a saudação ao Ven.·. M.·. e aos VVig.·. é apenas aquela posterior à marcha do Grau. **Saudações subseqüentes serão feitas sempre ao DELTA**.

O SINAL COM O INSTRUMENTO DE TRABALHO

O que não conseguimos entender é a razão de tanta polêmica. No nosso Manual de Dinâmica Ritualística do 1º Grau – R.·. E.·. A.·. e A.·. – GOEPR, página 91, item 3 das Normas Gerais de Comportamento Ritualístico – *ipsis litteris* – **"todos os Sinais Maçônicos são feitos com a mão e jamais com os instrumentos de trabalho (Malhetes, Espadas, Bastão, Sacolas, etc.)".** Ora, mais claro do que isto é impossível, mas, embora a clareza da afirmativa, vou tecer algumas considerações: – O que quer se apregoar é que **literalmente não se deve usar o instrumento de trabalho para compor o Sinal ou fazer a saudação, ou seja: "Não se usa o instrumento de trabalho para fazer o Sinal ou a saudação"**. Acompanhem o meu raciocínio: Imaginem o M.·. de CCer.·. passando o bastão no pescoço para fazer a saudação, ou segurando o bastão diante do pescoço para estar à Ordem. No mínimo seria cômico. Que tal o Irm.·. Cobr.·. passando a Espada no pescoço? Já imaginaram? E o Ven.·. Mestre e os VVig.·. enroscando o Malhete no queixo? Bem, pensem no M.·. de CCer.·. e no Hospit.·. passando o saco de PP.·. e IInf.·. ou a sacola do Tronco no pescoço? – Ora, isto seria realmente ridículo. É bom lembrar que estou tomando como exemplo o Sinal do Grau de Apr.·., mas com as devidas adaptações, serve para os Graus de Comp.·. e Mestre. Agora imaginem ritualisticamente como ficaria o Sinal Gut.·. com o punho cerrado (para segurar o instrumento)? Como ficaria a representação do Esq.·., do Nív.·. e do Pr.·. na composição do Sinal e da saudação?

Pois bem, vamos às considerações propriamente ditas:– Para um melhor esclarecimento, vamos considerar os cargos ocupados em Loja, pelo qual é necessário o uso de um **instrumento de trabalho**. Começaremos pelo **Venerável Mestre** e pelos **IIrm.·.**

Vigilantes: – *Como e quando compor o Sinal?* – Na abertura e no encerramento dos TTrab∴ ou por qualquer razão em que as LLuz∴ (Luzes de uma Loja são três – o Venerável Mestre, o Primeiro Vigilante e o Segundo Vigilante) tenham que ficar **em pé. Estes então deverão compor o Sinal normalmente como qualquer Obreiro**, no Grau em que a Loja estiver trabalhando. O farão da seguinte forma: – Depositarão os MMalh∴ sobre o Altar e/ou mesas e ficarão à Ordem com o respectivo Sinal. Agora se por dever de ofício as LLuz∴ tiverem que circular no Templo, estes empunharão o Malhete sempre com a mão direita, estando o instrumento na posição vertical, tendo o braço direito colado ao corpo e o antebraço formando uma esquadria em 90° (ângulo reto) estendido para a frente. Na eventualidade de que se faça necessário parar, este simplesmente deslocará o antebraço girando no sentido horizontal em direção ao seu peito, permanecendo o braço e o antebraço colado ao corpo e o Malhete seguro pela respectiva mão no sentido vertical, continuando assim a esquadria de 90° em relação braço/antebraço. Este giro da direita para a esquerda do antebraço descreverá a quarta parte de uma circunferência. Evidentemente que para continuar a sua trajetória (circulação, deslocamento) este retornará o antebraço para a frente e prosseguirá. É bom lembrar que qualquer Obreiro quando estiver em pé parado além do Sinal os pés estarão formando uma esquadria, unidos pelos calcanhares, cuja esquadria (ângulo de 90°) estará aberta para a frente e não como muitos fazem com a ponta do pé esquerdo apontado para a frente, o que implica quando da Marcha do Grau, o Maçom andando de lado. Lembrem-se, o Pavimento Mosaico na diagonal orienta a posição da ponta dos pés.

Bem, aí está a forma correta. Ninguém precisou usar o Malhete para **fazer o Sinal** (neste caso gut∴) e quando se esteve em pé com o instrumento de trabalho, permaneceu-se à Ordem na posição de **Rigor** com o respectivo Malhete. Isto é: Formou-se a esquadria.

Cito aqui alguns exemplos de deslocamento do Venerável Mestre: – Quando das Sessões Magnas, recebimento do Grão-Mestre, Instalação e Posse, Saudação à Bandeira Nacional, etc.

Lembramos: – **É expressamente proibido o uso do Malhete com a mão esquerda para se compor o Sinal com a mão direita**.

O Mestre-de-Cerimônias – ***Uso do Bastão e Sinal***: – Sem dúvida este é o Oficial que mais circula durante os trabalhos, cujo

Bastão é seu principal instrumento de trabalho. Evidentemente, nem sempre se faz necessário o uso do Bastão durante a sua circulação e, neste caso, trataremos apenas de quando o mesmo estiver sendo usado. Da mesma forma que o Malhete, este **deverá ser empunhado pela mão direita** e sempre na posição vertical. Quando em circulação, o M∴ de CCer∴ empunhará o bastão de forma que o antebraço permaneça na posição horizontal, formando com o braço que estará unido ao corpo, uma esquadria de 90° (ângulo reto). Quando o M∴ de CCer∴ estiver parado procederá da mesma forma como no uso do Malhete pelas LLuz∴, ou seja, girando o antebraço em direção ao peito, formando uma esquadria enquanto o bastão verticalmente pousará a base no chão. O Mestre-de-Cerimônias terá o corpo ereto e os pés em esquadria aberta para frente como já explicamos. **Esta é a posição de Rigor que equivale a estar à Ordem.**

Como já foi dito, nem sempre é necessário o uso do Bastão pelo M∴ de CCer∴, a exemplo de quando o mesmo for interpelado pelo V∴ M∴, necessitar de fazer o uso da palavra ou expor o Painel do Grau, enfim, em qualquer outra nuance ritualística, o mesmo neste caso sem o bastão, ficará à Ordem e comporá o Sinal do Grau normalmente como qualquer Obreiro deva fazê-lo. Lembremos que é de boa geometria quando o Maçom estiver circulando e cruzar a linha do equador (eixo do Templo) mais próximo ao Oriente, saudará o **DELTA** e esta saudação será com o Sinal do Grau. No caso do M∴ de CCer∴, se estiver portando o bastão saudará com uma breve parada compondo a posição de Rigor. São desnecessários os maneios de cabeça, curvatura de corpo, etc., que nada tem a ver com norma ritualística alguma ou qualquer conduta maçônica. Convenciona-se que para aqueles oficiais que circulam várias vezes, apenas na primeira vez o mesmo saudará o **DELTA** quando cruzar o equador do Templo. Sem o bastão, saúda-se normalmente pelo Sinal do Grau.

Aí esta. Mais uma vez notamos que o Oficial fez o Sinal sem que houvesse necessidade de nenhuma peripécia ritualística. Fica bem claro e voltamos a frisar: **Não se faz o Sinal *com* o instrumento de trabalho! Quando se estiver usando um instrumento de trabalho, neste caso o bastão, assume-se a posição de rigor que equivale estar à Ordem**.

Ainda sobre o M∴ de CCer∴ e a Bolsa (Saco) de PP∴ e IInf∴. Nos permitimos aqui falar também sobre o Tronco de Solid∴ e o

Irm∴ Hospit∴, posto que os procedimentos são idênticos. – ***Como usar as tais Bolsas e compor o Sinal?*** – Veremos como é simples. Ao ser solicitado o giro, o Oficial correspondente se postará **Entre Colunas** (CCol∴ do Sul e do Norte e não as CCol∴ J∴ e B∴ como muitos pensam) e aguardará a ordem do Venerável Mestre.– ***Como aguardar?*** – Mantendo o corpo ereto e os pés em esquadria, segurando com as duas mãos a Bolsa aberta junto ao quadril esquerdo. Quando lhe é solicitado que se cumpra o dever, o Oficial correspondente rompe a sua circulação para cumprir a sua jornada, mantendo a Sacola junto ao quadril esquerdo. Ao cruzar o equador (eixo do Templo) mais próximo ao Oriente pela primeira vez o mesmo fará uma breve parada, assim estará saudando o **DELTA**, sendo que neste momento manterá a postura ereta e os pés em esquadria, mantendo a sacola da forma explicada. Em seguida retoma-se o procedimento da circulação. Ao apresentar a Bolsa para a sua finalidade o Oficial circulante manter-se-á com postura ereta, com a cabeça ligeiramente virada para o lado oposto oferecerá a mesma ao Irm∴. Em seguida retoma a sua circulação.

Cumprido o seu dever, o Oficial circulante fechará a Bolsa e se postará novamente entre CCol∴, sendo que desta vez segurará a Bolsa com a mão esquerda, deixando o braço esquerdo cair normalmente ao lado do corpo e comporá o Sinal normalmente com a mão direita, desta forma estará à Ordem, enquanto aguarda o desfecho ritualístico.

Volto a frisar. **"Estes procedimentos estão ampla e claramente explicados no nosso Manual de Dinâmica Ritualística do Primeiro Grau R∴ E∴ A∴ A∴ – GOEPR".** É preciso ler.

Aí está. **Mais uma vez o Obreiro não usou o instrumento de trabalho para fazer o Sinal.** Esta é uma questão lógica, sem que se exercite demasiadamente a inteligência.

Aos críticos de plantão que por acaso nos critiquem por segurar a Bolsa com a mão esquerda porque este é o lado negativo do corpo ou coisas do gênero, respondo que o coração está do lado esquerdo e não nos parece ser um órgão negativo na fisiologia humana. Quanto ao Sinal de Comp∴, volto a lembrar que o Sinal autêntico é apenas feito com a mão direita, portanto a mão esquerda pode perfeitamente ser usada para segurar a bolsa. Não quero aqui dizer, e que isto fique bem claro, que não se deva usar a mão esquerda como complemento no Sinal do Grau 2, pois afinal nossos Rituais assim apregoam, embora em momento de necessidade ela possa perfeitamente cumprir outro papel.

O Cobridor, o Guarda do Templo, os Expertos. ***A Espada e o Sinal*** – Esta sim. Derramam rios e rios de tinta para explicar o inexplicável. É bom que se diga: – **Estes Oficiais simplesmente fazem o Sinal com a mão direita como qualquer Obreiro!** E a Espada? Perguntariam! – Ora é muito simples. **A Espada deverá estar embainhada.** Infelizmente ninguém lembra disso. Imaginem o Cobridor fazendo o Telhamento (não trolhamento) de Espada na mão, sendo que esta **somente será empunhada pela mão direita**. Pergunta-se: – Como ele daria o Toque? Como ele faria o Sinal? É simples. **A Espada deverá estar embainhada**. É isto aí, preocupa-se com futilidade e se esquece da racionalidade.

Todos os Oficiais que portam Espada devem usá-la **embainhada** presa a um talabarte da direita para a esquerda e somente a desembainhando por força de ofício ou quando o Ritual o exigir, a exemplo da Cerimônia de Iniciação, ou se, porventura, tiver que defender simbolicamente o Templo. Existem momentos ritualísticos e aqui exemplificamos o Irm∴ Exp∴ que desembainha a Espada para receber o Testamento do Irm∴ Secr∴ para conduzi-lo à Câmara e posteriormente reconduzi-lo ao Irm∴ Orad∴, isto na Cerimônia de Iniciação. Evidentemente o Irm∴ não poderá embainhar a Espada com o Testamento preso a sua ponta. Nesta oportunidade então ele usará a postura de ombro arma, ou seja, manterá a Espada com a lâmina apontada para cima cuja mão direita a segurará pelo cabo, tendo o punho junto à altura do quadril direito e a lâmina encostada verticalmente no seu ombro direito, circulando desta forma (ver Manual de Dinâmica Ritualística, página 11, posição de à Ordem – Ombro Arma com a Espada). Nesta oportunidade, se por dever de ofício, o Oficial tiver que parar o mesmo não executará qualquer Sinal, apenas manterá o corpo ereto com os pés em esquadria e a Espada em posição de ombro arma, não executando nenhum maneio com a cabeça ou qualquer curvatura com o corpo. **É de péssima geometria circular com a Espada de forma displicente.**

Outros casos do uso da Espada são quando da formação da Comissão de Recepção e Guarda de Honra à Bandeira Nacional ou a formação de Abóbada de Aço. O procedimento é o mesmo. Mantém-se a postura de ombro arma, sendo que outros procedimentos como o de continência à Bandeira Nacional com a Espada está bem explicado no Manual de Dinâmica Ritualística do GOEPR.

Como vimos, não existe mistério algum. **Ninguém precisou usar a Espada para fazer qualquer Sinal e no entanto o Sinal do Grau fora composto normalmente**, desde que a Espada esteja no seu lugar certo – **embainhada**. Se porventura a Loja não possuir **ainda** talabartes com bainhas para a Espada, é recomendável que esta fique presa ao encosto da cadeira, mas isto de forma precária, para que se evitem peripécias ritualísticas como a Espada no colo do Oficial que a usa, ou com a mesma apoiada com a ponta no chão para carregar ou recarregar energias ou coisas do gênero que nada tem a ver com a racionalidade maçônica e acaba isto sim é estragando o piso do Templo. Isto sem contar com aquelas Espadas arrastando ao chão ou mesmo pela displicência, as derrubando.

É bom que se diga, que à luz da razão todos os MM∴ MM∴, no Escocesismo, deveriam usar uma Espada embainhada. Mas como sempre, nem a fita com a respectiva Jóia, isto para não falar do chapéu em Loja de Mestre são usados, e assim os procedimentos corretos caem no esquecimento, dando lugar aos **"achismos"** e às **"invencionices"**. – A propósito, "achismo" no idioma vernáculo quer dizer: – *substantivo masculino, gíria* – Tendência em avaliar as situações segundo as próprias opiniões ou intenções, muitas vezes sem justificativa.

Gostaria de aproveitar a oportunidade para comentar um fato que ocorre com certa regularidade e que é procedimento errado. Já que estamos falando de Espada, este envolve a Espada Flamejante.

Durante as Cerimônias de Iniciação, Elevação e Exaltação no momento da sagração, isto é, conferir dignidade ao Grau e isto nada tem de sagrado, o Venerável Mestre deve empunhar a Espada Flamejante com a **mão esquerda** e sobre a cabeça do Neófito o Irm∴ vibrará a Bat∴ do Gr∴ com o Malhete que estará empunhado obrigatoriamente pela **mão direita**. Ocorre que a Espada Flam∴ **só poderá ser empunhada por um Mestre Instalado** (Mestre Instalado não é Grau, é Título) e por esta razão a mesma **deverá estar sobre um escrínio ou almofada**, podendo assim qualquer Mestre Maçom que não seja **instalado** transportá-la no cargo de

Irm∴ Porta-Espada, segurando o escrínio ou almofada com as duas mãos e desta forma não tocando na Espada. Isto, além do que no momento solene da sagração evita-se as confusões de última hora quando Mestres que não são Instalados começam carregar a Espada pelo cabo, e às vezes até pela lâmina em total desrespeito ao Ato.

A Espada Flamejante não pode ser embainhada e nem tampouco ser usada para qualquer outra finalidade, senão a de Sagração. O seu lugar em Loja é sobre um escrínio ou almofada que ficará sobre o terceiro degrau do Sólio (Trono).

Este é o único caso em que uma Espada é empunhada pela mão esquerda e, sendo assim, somente por um Mestre Instalado.

Pois bem, é evidente que existem outros instrumentos em Loja, mas que são usados em momentos específicos de uma determinada Cerimônia e que não vem ao caso de se fazer qualquer Sinal, a exemplo da Régua, da Alavanca, do Esquadro, do Compasso, do Maço, do Cinzel, etc.

É oportuno salientar que a posição de **Rigor** equivale a de estar à **Ordem**. O Obreiro mesmo não fazendo **Sinal de Ordem** com a mão, estará de acordo com o exigido ao compor a **esquadria** quando empunha o seu instrumento de trabalho; é o caso como já citado do Mestre-de-Cerimônias, que estando em pé na abertura dos trabalhos – terá o bastão na mão direita, com o braço e antebraço formando **esquadria** (ângulo reto) e encostados ao tronco. **O que não é permitido** é fazer o Sinal ***com*** o instrumento de trabalho, isto é: **usando o instrumento de trabalho para fazer o Sinal**. Acredito que é só uma questão de correta interpretação e é oportuno definir a preposição ***"com"***. Do latim *cum* – neste caso partícula que estabelece relação de dependência e exprime e implica instrumento, meio: *Ele fez o Sinal* **com** *o Malhete*; *Ele cortou a mão* **com** *a faca*. Espero ter esclarecido de vez esta questão.

Aliás, estas questões do idioma vernáculo muitas vezes nos conduzem a formas e redundâncias que estão arraigadas em nossos Rituais. Por exemplo: **De pé e à Ordem**. Pergunto: *Quando estaremos de pé e não estaremos à Ordem?* Ou, *quando estaremos à ordem e não estaremos em pé?* Obviamente estou falando em Sessões Maçônicas cobertas (Loja aberta). Então não seria melhor dizer – **à**

Ordem meus IIrm∴!, ou **de pé meus IIrm∴!** Agora de pé e à Ordem..., me perdoem, é pura redundância.

Espero ter prestado os esclarecimentos necessários para que as dúvidas tenham sido sanadas. Portanto, quando lermos em nossos Rituais – *"Não se faz Sinal* ***com*** *o instrumento de trabalho"*, isto quer dizer que **não devemos usar o instrumento de trabalho para fazer o Sinal**. O importante é a racionalidade da dinâmica ritualística e não há dúvida que não possa ser esclarecida. Basta que aqueles que as tiverem solicitem explicação de forma racional e ordeira à Secretaria competente e com certeza os esclarecimentos que se fizerem necessários serão apresentados. O que devemos evitar são as críticas desprovidas de fundamento. Deixemos os **achismos** de lado, pois os mesmos só nos conduzem aos caminhos infundados da discórdia e da irracionalidade. **A Ordem Maçônica pauta pela lógica e racionalidade, portanto sejamos aptos a entendê-la.**

Volto a frisar que esta peça de arquitetura, cujos procedimentos são elucidativos para a Maçonaria, de uma forma geral tem para o Rito Escocês Antigo e Aceito um aspecto particular.

BIBLIOGRAFIA

1. ARS QUATUOR CORUNATORUM. Volume 107. Londres: Published October, 1995.
2. ASLAN, Nicola. Grande Dicionário Enciclopédico de Maçonaria e Simbologia. Londrina: "A TROLHA", 1996.
3. CASTELLANI, José. Dicionário Etimológico Maçônico. Londrina: "A TROLHA", 1994.
4. _____. Liturgia e Ritualística do Grau de Aprendiz Maçom, Companheiro Maçom e Mestre Maçom. Três volumes. A Gazeta Maçônica, 1987.
5. _____. O Rito Escocês Antigo e Aceito. História Doutrina e Prática. Londrina: "A TROLHA", 1988.
6. DARUTY, J. E. Recherches sur Le Rite Ecossais Ancien et Accepté. Paris, 1879.
7. DAYER, Colin. Symbolism in Craft Freemasonry. Londres: Q. C. C. C. Limited, 1995.
8. FIGUEIREDO, Joaquim José Gervásio. Pensamento, 1989.
9. MELLOR, Alec. Dicionário da Franco-Maçonaria e dos Franco-Maçons. Martins Fontes, 1989.

10. REVISTA "A TROLHA" - Diversas.
11. REVISTA ENGENHO E ARTE - Diversas.
12. TROLHA, Xico. O Avental Maçônico. Londrina: "A TROLHA", 1997.
13. VAROLI, Theobaldo Filho. Curso de Maçonaria Simbólica. Tomos I, II e III. A Gazeta Maçônica, 1993.
14. WELLS, Roy A. Understanding Freemasonry. Londres: Q. C. C. C. Limited, 1996.

∴

Editora Maçônica

A TROLHA

Redação, Diagramação,
Composição, Revisão, Arte-Final.

Av. Maringá, 335 – Fone: (43) **327-1982**
Fax: (43) **348-0915**
CEP 86060-000 – Londrina – Paraná

Home Page: http://www.atrolha.com.br
E-Mail: trabalhos@atrolha.com.br